# Curso

*La diferencia entre aprobar
y sacar plaza*

**AF212172**

# Pinche

## SERVICIO CANARIO DE SALUD

Si aún no dispones de tu **Curso MAD360**, te ofrecemos un acceso GRATIS de 30 días para que disfrutes de los siguientes recursos:

- Técnicas de Memoria 360.
- MADTEST: Test *online* Nivel PRO.
- Temario en formato digital.
- Vídeos.
- Esquemas.
- Planificación de estudio.
- Foro entre opositores hasta la fecha del examen.*
- Recursos y novedades exclusivas.
- Consúltanos sobre tu oposición y proceso selectivo.
- Actualizaciones legislativas (Boletines Oficiales) hasta 60 días antes de la fecha del examen.*

Para acceder a esta prueba del Curso MAD360** será necesaria la compra de todos los libros para esta especialidad de la edición 2025.

Regístrate en **mad.es/iniciar-sesion** y en la pestaña MIS CURSOS valida los códigos que encuentras en la última página de tus libros.

---

**NOTA IMPORTANTE:**

\* Examen de esta categoría profesional correspondiente a la convocatoria publicada en el BOC n.º 116, de 13 de junio de 2025, o hasta el 31 de diciembre de 2026, lo que se cumpla antes, y previa renovación del servicio.

\*\* El acceso al CURSO MAD360 estará disponible desde diciembre de 2025 (algunos recursos podrían estar disponibles en fecha posterior). Tendrá una duración de 30 días RENOVABLES mediante pago, desde la validación de códigos, o hasta el 30 de junio de 2027, lo que se cumpla antes.

MAD se reserva el derecho a ampliar dichas fechas.

# Pinche del
# Servicio Canario de Salud

# Pinche del
# Servicio Canario de Salud

## Test del Temario

# Autores

**ANA MARÍA SERRANO BÁRCENA**
Licenciada en Biología

**JUAN MANUEL GIL RAMOS**
Licenciado en Medicina.
Máster en Salud Ambiental

**HERMINIA ANDRADES ROMERO**
Diplomada en Fisioterapia.
Técnico Superior en Imagen para el Diagnóstico.
Técnica Superior en Laboratorio de Análisis Clínico

**JOSÉ MANUEL GONZÁLEZ RABANAL**
Licenciado en Derecho
Máster en Salud Ambiental

**LIDIA MARINA PONCE MARTÍNEZ**
Licenciada en psicología
Máster en Terapia Familiar y de Sistemas

© 7 Editores Recursos para la Cualificación Profesional y el Empleo, S.L. (7 Editores)
© Los autores
Primera edición, noviembre 2025 (100 páginas)
Derechos de edición reservados a favor de 7 Editores
IMPRESO EN ESPAÑA
Diseño Portada: 7 Editores
Edita: 7 Editores
Avda. San Francisco Javier, 9 · Edificio Sevilla 2 · Planta 11 · Módulos 25-27 · 41018 Sevilla
Teléfono: 954 784 411 · WEB: www.mad.es · e-mail: administracion@7editores.com
ISBN: 978-84-142-9817-6
© "Editorial Mad" y "Eduforma" son nombres comerciales registrados de
7 Editores Recursos para la Cualificación Profesional y el Empleo, S.L.

# Índice

# Cómo superar con éxito un examen tipo test

# 1. ¿Qué es un examen tipo test?

En estas pruebas cada pregunta se acompaña de múltiples alternativas de respuesta (3, 4 o 5), de las que usualmente solo una es correcta. Hay ocasiones en que pueden ser varias las respuestas correctas: "Señale las opciones que son ciertas". De cualquier forma, eso es algo que quedará claro cuando el examinador dé las orientaciones oportunas al inicio de la prueba.

Las **principales características** de este tipo de pruebas son:

– Requieren de un gran dominio del temario, necesario para, ante la duda, discriminar la respuesta correcta.

– De forma muy general, podemos decir que en los exámenes oficiales suele haber dos tipos de preguntas: las sencillas, que cualquiera que se haya preparado medianamente el temario puede responder correctamente, y las complejas, que requieren una preparación más exhaustiva y, por lo tanto, son las que deciden la posición que ocuparemos en las listas.

– Normalmente las respuestas erróneas restan 0,33, es decir, que por cada 3 respuestas incorrectas se descuenta una acertada.

Pero, para hacer un buen examen de tipo test no es suficiente con memorizar el temario. A continuación aportamos algunas sugerencias para la preparación de este tipo de exámenes.

# 2. ¿Cómo estudiar para un examen tipo test?

– Asegúrate de disponer del programa oficial de la convocatoria en el que se recogen los temas sobre los que te preguntarán.

– Confecciona o adquiere el temario oficial desarrollado y su libro de test respectivo (te será muy útil para autoevaluarte y ponerte en situación de examen).

– Estudia cada tema siguiendo el proceso básico de aprendizaje: desarrolla un marco general y apréndete bien los detalles.

– Revisa varias veces el tema y hazte preguntas.

– Procura discriminar las ideas principales de las secundarias.

– Al estudiar conceptos considera lo que es necesario incluir en su definición.

– Asegúrate de comprender y utilizar la terminología específica de la materia.

– Una vez que hayas revisado de forma sistemática todo el material, es necesario comenzar el proceso de asimilación de la información:

\* Confecciona fichas en las que se asocien las palabras claves con la información relacionada.

- \* Realiza diagramas y cuadros sinópticos que resuman las ideas principales del tema: intenta retener su imagen.

- \* Utiliza diferentes reglas mnemotécnicas para retener, por ejemplo, series de conceptos. Construye palabras con las iniciales de los términos a memorizar.

- – Cuando hayas estudiado un tema, realiza su correspondiente test.

Es, pues, el momento de conocer algunas pautas para hacer bien este tipo de exámenes.

# 3. Estrategias para hacer un examen tipo test

Obviamente, la mejor manera de asegurarse una buena puntuación en el examen es ir bien preparado. Las siguientes orientaciones nos serán muy útiles para sacar el mejor partido a nuestra anterior inversión: el estudio en profundidad de la materia en cuestión.

- – No pierdas de vista el reloj: controla el tiempo de que dispones para hacer el examen.

- – Seguramente el examinador aclarará en las instrucciones previas si las respuestas erróneas descuentan o no; si no lo hace, pregúntalo.

- – Presta atención a la forma en la que has de señalar la respuesta correcta: si lo haces mal puede que ni siquiera te corrijan el examen.

- – Lee todas las preguntas antes de empezar (algunas te darán pistas para resolver otras) y señala las que te resultan más fáciles de contestar.

- – Lee detenidamente las preguntas y todas las opciones de respuesta.

- – Responde con agilidad; no te detengas mucho tiempo en las que no estás seguro.

- – No pares la lectura cuando creas haber encontrado la que te parece que es la respuesta; puede ocurrir que la opción siguiente es más correcta, con lo que esa es la respuesta válida.

- – Contesta primero las preguntas que sabes con seguridad y deja para más tarde las que te plantean dudas; así te asegurarás los puntos de las que te sabes bien.

- – Nunca cambies una respuesta ya dada si no estás absolutamente seguro.

- – Vuelve después sobre las preguntas que dejaste sin contestar en la primera vuelta. Quizás ahora algunas te resulten más fáciles por estar más relajado al tener algunos puntos seguros y/o por haber encontrado algunas pistas en las ya contestadas.

- – Normalmente, suelen ser incorrectas las opciones:

- \* Que no concuerdan gramaticalmente con el enunciado.

- \* Que no pertenecen al mismo tema de la pregunta.

- \* Que poseen un estilo de formulación diferente al de las demás opciones.

- Si las alternativas difieren solo en una o dos palabras, prueba a leer el enunciado de la pregunta seguido de cada opción; a veces este método resulta útil para conocer cuál lo completa adecuadamente.

- Ten cuidado con las alternativas "todas las anteriores" o "ninguna de las anteriores": son muy inclusivas y para que estas sean ciertas hay que ir confirmando o anulando respectivamente, todas las anteriores.

- Atiende a los "todos", "nunca", "algunos", "sí", "no", ya que son determinantes en el significado del enunciado.

- Cuidado con las alternativas que contienen "nunca" y "siempre", ya que son muy restrictivas; para elegirlas hay que estar completamente seguros. La mayoría de las veces son incorrectas.

- En cambio, "a veces" y "ocasionalmente" tienen más posibilidades de resultar correctos.

- Si te resulta menos lioso, puedes intentar contestar a todas las preguntas de un mismo tema, así evitarás la mezcla de contenidos propia de este tipo de exámenes.

- Cuidado con las alternativas demasiado largas o enunciadas de manera informal; la mayoría de las veces son engañosas.

- Te resultará muy útil conocer sufijos, prefijos y raíces de palabras para deducir el significado de términos desconocidos.

- A veces se puede saber la respuesta por eliminación de las anteriores: la opción correcta es la que no es incorrecta.

- Si el método anterior no es suficiente y aún queda duda entre dos opciones, relaciónalas con el enunciado y compáralas entre ellas. Procura que sea una adivinación inteligente.

- Si las sugerencias anteriores no te han ayudado y las respuestas incorrectas no puntúan, escoge la B o la C: parece que los que redactan los exámenes camuflan las soluciones mayor número de veces entre estas opciones.

# 4. Recomendaciones para aliviar la tensión antes del examen

Para poder rendir al máximo el día del examen es conveniente estar en buenas condiciones físicas y mentales. Para ello es fundamental tener en cuenta estos consejos:

- Empezar a repasar durante las tres o cuatro semanas anteriores al día del examen.

- Recuerda que repasar es recordar ideas ya estudiadas, no consultar nada más ni intentar aprender nada nuevo.

–   Acude a los esquemas y cuadros sinópticos que hiciste para cada tema. Intenta retener su imagen.

–   Los periodos de repaso deben ser cortos y siempre se deben alternar con periodos de descanso.

–   Deja de estudiar uno o dos días antes de los exámenes. La mala costumbre de repasar hasta el último momento tiene el efecto de incrementar el nivel de ansiedad y de aumentar la probabilidad de aparición de bloqueos mentales durante el examen.

–   El día antes del examen procura realizar actividades que te sean agradables y relajantes: ir al cine, escuchar música, quedar con amigos para charlar tranquilamente... Actividades todas ellas que habían quedado aparcadas, seguramente, desde que comenzaste tu plan de estudios.

–   Evita charlar con los compañeros de oposición el día antes y los momentos previos a la prueba: suelen incrementar el nivel de ansiedad.

–   Es conveniente repasar la noche antes todos los útiles que necesitarás llevarte al examen: reloj, lápiz, goma, sacapuntas, bolígrafo, carnet de identidad, calculadora (si permiten su utilización), etc. Así evitarás que por la mañana, con los nervios, te olvides alguna cosa.

–   Descansa bien la noche antes: procura distraer tu mente y no pensar en el examen. Lo ideal es dormir alrededor de ocho horas.

–   Las comidas previas al examen también tienen su importancia: si la prueba es por la mañana toma un desayuno suave y si es por la tarde, un ligero tentempié. Evita las comidas copiosas que adormecen y dificultan la concentración.

–   Si el examen es en un lugar desconocido conviene que lo visites con antelación, para conocer el itinerario que debes tomar, el edificio y el aula donde se realizará. Así te sentirás más seguro cuando llegue el momento.

–   Procura llegar temprano al examen: sal con suficiente antelación por si encontraras atascos, sufrieras alguna avería (si vas en coche) o encontraras el camino elegido cortado. Tampoco es aconsejable que llegues con demasiada antelación: suele haber compañeros que quieren intercambiar opiniones sobre la materia en el último momento.

## Los alimentos. Clasificación y características de los diferentes tipos de alimentos

**1. De los siguientes productos, ¿cuáles no son derivados de la leche?**

a) Nata y mantequilla.
b) Queso y requesón.
c) Sueros lácteos.
d) Cafeína.

**2. Señala cuál de las siguientes afirmaciones es correcta:**

a) La canal incluye la carne y todas las vísceras del animal.
b) Los derivados cárnicos son productos alimenticios preparados total o parcialmente con carnes o despojos sometidos a operaciones específicas.
c) Los productos tales como solomillo, entrecot, bistec, chuletas, etc., se consideran derivados cárnicos.
d) Todas las respuestas anteriores son correctas.

**3. El Código Alimentario Español, dentro del grupo de "pescados", incluye los siguientes:**

a) Aquellos animales que viven en el agua y son comestibles.
b) Exclusivamente a los vertebrados marinos.
c) Exclusivamente a los vertebrados de agua dulce.
d) Todos excepto las ballenas, por ser mamíferos.

**4. ¿Cuál de las siguientes afirmaciones es falsa?**

a) El pescado tiene menos grasas saturadas y menos colesterol que algunas carnes.
b) El pescado azul tiene mayor valor calórico que el blanco.
c) El pescado fresco tiene mayor valor nutritivo que el congelado.
d) Todas son falsas.

**5. ¿Cuándo se considera que un huevo es fresco?**

a) Cuando se mantiene en cámaras a temperatura no superior a 4 ºC durante un tiempo inferior a 30 días.
b) Cuando está conservado por encima de 0 ºC durante una semana como máximo.
c) Sólo se considera fresco el huevo recién puesto.
d) Cuando no ha sido refrigerado ni conservado por ningún método.

**6. Un huevo que ha sido incubado se dice que es un huevo:**

a) Fresco.
b) Defectuoso.
c) Averiado.
d) Podrido.

**7. ¿Qué tipo de alimento son las habas?**

a) Frutos.
b) Legumbres.
c) Bulbos.
d) Frutas.

**8. ¿Cómo se denomina el tocino entreverado que ha sido sometido a operaciones de ahumado, salazón o adobo?**

a) Panceta.
b) Bacón.
c) Papada.
d) Lomo.

**9. ¿Qué tipo de aditivo es el E-122 carmoisina?**

a) Potenciador del sabor.
b) Conservante.
c) Colorante.
d) Espesante.

**10. ¿Qué tratamiento recibirá la leche destinada para el consumo de colectividades?**

a) Ninguno, porque la leche cruda es muy nutritiva.
b) Debe recibir algún tratamiento térmico.
c) Será siempre leche especial sin tratar.
d) Todas las respuestas son correctas.

**11. ¿Cómo se denomina la leche modificada por acción microbiana?**

a) Leche enriquecida.
b) Leche desnatada.
c) Leche fermentada.
d) Leche adicionada de aromas.

**12. Señala cuál de las siguientes afirmaciones es correcta:**

a) La leche esterilizada es leche natural, sometida a un proceso tecnológico tal, que asegure la destrucción de los microorganismos y la inactividad de sus formas de resistencia.
b) La leche evaporada es leche esterilizada a la que se le añade agua.
c) Leche condensada es la leche higienizada y concentrada por eliminación de agua, sin añadirle azúcares.
d) Leche en polvo es aquella que se congela y posteriormente se tritura.

**13. Según su composición podemos decir que hay natas de los siguientes tipos:**

a) Batidas o montadas.
b) De vaca, oveja o cabra.
c) Doble nata, delgada o ligera.
d) Todas son correctas.

**14. ¿Qué es la caseína?**

a) Líquido formado por parte de los componentes de la leche.
b) Es el principal componente proteico de la leche.
c) Producto obtenido precipitando las proteínas en medio ácido, por el calor.
d) Ninguna es correcta.

**15. ¿Cómo se denomina al pollo castrado y bien cebado?**

a) Gallina.
b) Pichón.
c) Capón.
d) Lechón.

**16. Si un huevo tiene la clara de color verdoso, ¿qué le ocurre?**

a) Se desechará.
b) Está defectuoso.
c) Es un huevo de oca.
d) Está en perfectas condiciones.

**17. ¿Cuáles de las siguientes hortalizas son bulbos?**

a) Berenjena, guindilla, pimiento.
b) Ajo, cebolla y puerro.
c) Ajo, guisante y lombarda.
d) Berenjena, cebolleta y berro.

**18. ¿Qué tipo de alimento es la patata?**

a) Un bulbo.
b) Una legumbre.
c) Un fruto.
d) Un tubérculo.

**19. ¿Qué grupo de alimentos es el más rico en lípidos?**

a) Aceites y grasas.
b) Verduras y hortalizas.
c) Carnes.
d) Pescados.

**20. Según el Código Alimentario Español, ¿en qué grupo de alimentos se incluye al tomate?**

a) Verduras.
b) Hortalizas.
c) Frutas carnosas.
d) Frutos oleaginosos.

En MADTEST tienes **más preguntas de este tema** y todos tus avances quedan registrados y se reflejan en el ranking.

**¡Supera tus límites con MADTEST!**

# Solución al test n.º 1

**1.** d) Cafeína.

**2.** b) Los derivados cárnicos son productos alimenticios preparados total o parcialmente con carnes o despojos sometidos a operaciones específicas.

**3.** a) Aquellos animales que viven en el agua y son comestibles.

**4.** c) El pescado fresco tiene mayor valor nutritivo que el congelado.

**5.** d) Cuando no ha sido refrigerado ni conservado por ningún método.

**6.** c) Averiado.

**7.** b) Legumbres.

**8.** b) Bacón.

**9.** c) Colorante.

**10.** b) Debe recibir algún tratamiento térmico.

**11.** c) Leche fermentada.

**12.** a) La leche esterilizada es leche natural, sometida a un proceso tecnológico tal, que asegure la destrucción de los microorganismos y la inactividad de sus formas de resistencia.

**13.** c) Doble nata, delgada o ligera.

**14.** b) Es el principal componente proteico de la leche.

**15.** c) Capón.

**16.** a) Se desechará.

**17.** b) Ajo, cebolla y puerro.

**18.** d) Un tubérculo.

**19.** a) Aceites y grasas.

**20.** c) Frutas carnosas.

# TEST N.º 2

## Tipos de Dieta. Conceptos básicos

**1. ¿Qué diferencia fundamental existe entre alimentación y nutrición?**

a) La alimentación es involuntaria y la nutrición voluntaria.
b) La alimentación es voluntaria y la nutrición es involuntaria.
c) La alimentación depende de la genética y la nutrición de la cultura.
d) La alimentación solo aporta agua y la nutrición vitaminas.

**2. ¿Qué son los nutrientes energéticos?**

a) Vitaminas y minerales.
b) Proteínas, carbohidratos y grasas.
c) Agua y fibra.
d) Polifenoles.

**3. ¿Qué disciplina estudia los regímenes alimenticios en salud y enfermedad?**

a) Nutrición.
b) Microbiología.
c) Dietética.
d) Bioquímica.

**4. ¿Quién es el profesional encargado de diseñar planes alimentarios personalizados?**

a) Dietista o dietista-nutricionista.
b) Enfermero.
c) Médico general.
d) Auxiliar de enfermería.

**5. ¿Qué es la dietoterapia?**

a) El estudio del metabolismo basal.
b) La investigación de los nutrientes esenciales.

c) La adaptación de la alimentación a alteraciones metabólicas, digestivas o patológicas.
d) La planificación de menús para colectividades.

### 6. ¿Qué es el metabolismo basal?

a) El metabolismo de los azúcares.
b) La digestión de proteínas.
c) El valor mínimo de energía necesaria para que el organismo realice sus funciones esenciales.
d) El gasto energético tras las comidas.

### 7. ¿Qué porcentaje de energía debe proceder de los hidratos de carbono en una dieta equilibrada?

a) 30-35 %.
b) 12-15 %.
c) 50-60 %.
d) 70 %.

### 8. Según la estrategia NAOS, ¿qué alimentos deben consumirse varias veces todos los días?

a) Cereales, tubérculos, verduras, frutas, lácteos y aceite de oliva.
b) Carne y pescado.
c) Huevos y legumbres.
d) Embutidos y pastelería.

### 9. ¿Qué técnica se emplea en antropometría para estimar la grasa subcutánea?

a) Bioimpedancia.
b) Medición de pliegues cutáneos.
c) Análisis de orina.
d) Examen ocular.

### 10. ¿Qué es una dieta basal?

a) Una dieta sin calorías.
b) Una dieta sin líquidos.
c) Una dieta sin restricción de nutrientes ni alimentos específicos destinada a personas sanas.
d) Una dieta con suplementos vitamínicos.

### 11. ¿Qué objetivo tiene la dieta absoluta?

a) Reducir el colesterol.
b) Prevenir la diabetes.

c) Permitir el descanso del sistema digestivo.
d) Aumentar de peso.

**12. ¿Qué alimentos forman parte de una dieta líquida?**

a) Caldos filtrados, infusiones suaves y gelatinas sin azúcar.
b) Arroz hervido y pollo.
c) Purés y cremas.
d) Pan integral y pescado.

**13. ¿Cuál es la finalidad de la dieta blanda?**

a) Reducir el peso.
b) Aumentar masa muscular.
c) Prevenir cálculos renales.
d) Favorecer la digestión.

**14. ¿Qué característica tiene la dieta hipocalórica?**

a) Incrementa el aporte proteico.
b) Aumenta el consumo de grasas.
c) Mantiene estable el peso.
d) Reduce el aporte calórico para adelgazar.

**15. ¿Qué incrementa la fibra en dietas de adelgazamiento?**

a) La presión arterial.
b) La absorción de grasas.
c) La sensación de saciedad y el tránsito intestinal.
d) La glucosa en sangre.

**16. ¿Qué objetivo tiene la dieta hipercalórica?**

a) Disminuir el colesterol.
b) Mejorar la digestión.
c) Aumentar el peso en caso de delgadez.
d) Controlar la diabetes.

**17. ¿Qué caracteriza a la dieta hiposódica?**

a) Reducción de proteínas.
b) Limitación de la ingesta de sodio o eliminación de sal.
c) Aporte alto de calcio.
d) Exclusión de grasas.

**18. ¿Qué hidratos de carbono se priorizan en la dieta para diabéticos?**

a) Refinados.
b) Azúcares simples.
c) De absorción lenta y bajo índice glucémico.
d) Todos por igual.

**19. ¿Qué ingesta de proteínas recomienda la dieta hipoprotéica?**

a) 50-60 g diarios de origen mixto.
b) 100 g diarios.
c) 80-90 g diarios.
d) 20 g diarios.

**20. ¿Qué se recomienda en la dieta para estreñimiento?**

a) Evitar frutas frescas.
b) Aumentar fibra, hidratación y actividad física.
c) Reducir líquidos.
d) Consumir arroz blanco.

# Solución al test n.º 2

**1.** b) La alimentación es voluntaria y la nutrición es involuntaria.

**2.** b) Proteínas, carbohidratos y grasas.

**3.** c) Dietética.

**4.** a) Dietista o dietista-nutricionista.

**5.** c) La adaptación de la alimentación a alteraciones metabólicas, digestivas o patológicas.

**6.** c) El valor mínimo de energía necesaria para que el organismo realice sus funciones esenciales.

**7.** c) 50-60 %.

**8.** a) Cereales, tubérculos, verduras, frutas, lácteos y aceite de oliva.

**9.** b) Medición de pliegues cutáneos.

**10.** c) Una dieta sin restricción de nutrientes ni alimentos específicos destinada a personas sanas.

**11.** c) Permitir el descanso del sistema digestivo.

**12.** a) Caldos filtrados, infusiones suaves y gelatinas sin azúcar.

**13.** d) Favorecer la digestión.

**14.** d) Reduce el aporte calórico para adelgazar.

**15.** c) La sensación de saciedad y el tránsito intestinal.

**16.** c) Aumentar el peso en caso de delgadez.

**17.** b) Limitación de la ingesta de sodio o eliminación de sal.

**18.** c) De absorción lenta y bajo índice glucémico.

**19.** a) 50-60 g diarios de origen mixto.

**20.** b) Aumentar fibra, hidratación y actividad física.

# TEST N.º 3

## Conservación, distribución y transporte de los alimentos según su clasificación

**1. ¿Cuál de los siguientes factores puede influir en los cambios de color en los alimentos?**

a) La acidez del medio, que afecta a los pigmentos presentes.
b) La cantidad de agua contenida en el alimento.
c) La presencia de azúcares, que impide cualquier cambio de color.
d) La textura del alimento después de la cocción.

**2. ¿En qué consiste la cocción por concentración?**

a) En cocinar los alimentos a baja temperatura durante un tiempo prolongado.
b) En aplicar altas temperaturas para coagular las proteínas y retener los jugos internos.
c) En sumergir los alimentos en un líquido a temperatura ambiente antes de calentarlos.
d) En cocinar los alimentos exclusivamente en medios líquidos sin generar costra superficial.

**3. ¿Por qué es importante no sobrepasar el punto de humeo en la fritura?**

a) Porque la grasa se vuelve menos digerible y genera residuos tóxicos.
b) Porque el alimento pierde completamente su sabor y textura.
c) Porque el aceite se evapora y no permite una cocción uniforme.
d) Porque se reduce el tiempo de cocción, afectando la temperatura interna del alimento.

**4. ¿En qué consiste el gratinado completo?**

a) En dorar superficialmente un alimento ya cocido con la adición de queso o pan rallado.
b) En aplicar calor fuerte sobre un alimento cocinado con su propio jugo o salsa.
c) En cocinar un alimento mientras se dora su superficie y se reduce el líquido de cocción.
d) En sumergir un alimento en grasa caliente para sellar su exterior.

**5. ¿Cuál de las siguientes salsas se considera semicaliente?**

a) Bechamel.
b) Holandesa.
c) Vinagreta.
d) Demi-Glace.

**6. ¿Cuál de las siguientes afirmaciones sobre la salsa demi-glace es correcta?**

a) Se elabora únicamente con caldo de ave.
b) Su cocción dura aproximadamente 2 horas.
c) Se obtiene a partir de huesos de vacuno y despojos tostados al horno.
d) Se sirve directamente sin necesidad de complementos.

**7. ¿Cuál de las siguientes afirmaciones sobre el fondo blanco es correcta?**

a) Se elabora exclusivamente con huesos de vacuno.
b) Su cocción debe realizarse a fuego alto para acelerar el proceso.
c) Se obtiene a partir de carne, huesos de ave o ternera y hortalizas en mirepoix.
d) No se puede utilizar para mojar arroces ni verduras.

**8. ¿Cuál es el procedimiento correcto para elaborar un roux?**

a) Calentar la mantequilla a fuego alto y agregar la harina sin tamizar.
b) Fundir la mantequilla a fuego suave, añadir la harina tamizada y remover constantemente.
c) Mezclar la harina con la mantequilla en frío y luego calentar a fuego alto.
d) Cocinar la harina en seco antes de añadir la mantequilla.

**9. ¿Qué ingrediente se emplea en la elaboración del consomé frío para lograr su textura característica?**

a) Harina de trigo.
b) Manos de ternera o huesos de ave.
c) Almidón de maíz.
d) Gelatina en polvo.

**10. ¿Cuál de los siguientes ingredientes es característico en la elaboración de la Bouillabaisse?**

a) Salmón y trucha.
b) Pescados de roca como rascacio y gallineta.
c) Calamares y pulpo.
d) Bacalao desalado.

**11. ¿Cuál de las siguientes ensaladas se caracteriza por incluir arroz cocido y atún en su composición?**

a) Ensalada Niçoise.
b) Ensalada Nantaise.
c) Ensalada Mimosa.
d) Ensalada Cresseniere.

**12. ¿Cuál de los siguientes alimentos con Denominación de Origen en Aragón se caracteriza por su carne tierna, de color rosa pálido y con ligera infiltración de grasa intramuscular?**

a) Jamón de Teruel.
b) Melocotón de Calanda.
c) Ternasco de Aragón.
d) Cebolla Fuentes de Ebro.

**13. ¿Cuál de los siguientes platos tradicionales de Aragón se elabora con alubias redondas cocidas con oreja y rabo de cerdo?**

a) Firigolla.
b) Chirigol.
c) Boliches de Embún.
d) Guirlache.

**14. ¿Cuál de los siguientes métodos físicos de conservación actúa mediante la aplicación de frío?**

a) Pasteurización.
b) Liofilización.
c) Ultracongelación.
d) Uperización (UHT).

**15. ¿Cuál de los siguientes métodos químicos de conservación se basa en la reducción del contenido de agua mediante la adición de sal?**

a) Encurtido.
b) Salazón.
c) Marinado.
d) Escabechado.

**16. ¿Cuál es la temperatura máxima de refrigeración permitida para la carne picada según el Real Decreto 1021/2022?**

a) 4 °C.
b) 3 °C.

c) 2 °C.
d) 0 °C.

**17. ¿Qué característica deben cumplir las partes metálicas de las máquinas en contacto con alimentos para evitar alteraciones en los productos?**

a) Ser de cualquier material resistente.
b) Contar con revestimientos anticorrosión.
c) Estar fabricadas en aluminio sin recubrimiento.
d) No requieren ningún tratamiento especial.

**18. ¿Cuál es la temperatura recomendada para el almacenamiento de productos semiperecederos?**

a) Entre 5 y 10 °C.
b) Entre 0 y 4 °C.
c) Entre 15 y 18 °C.
d) A temperatura ambiente sin control específico.

**19. ¿En qué consiste el método FIFO en el almacenamiento de alimentos?**

a) En almacenar los productos según su tamaño.
b) En consumir primero los productos más recientes.
c) En consumir primero los productos que llevan más tiempo almacenados.
d) En colocar los productos al azar en el almacén.

**20. ¿Qué tipo de envasado al vacío se utiliza para productos delicados que no deben perder su forma original?**

a) Vacío normal.
b) Vacío continuo.
c) Vacío para productos calientes.
d) Vacío compensado.

En MADTEST tienes **más preguntas de este tema** y todos tus avances quedan registrados y se reflejan en el ranking.

**¡Supera tus límites con MADTEST!**

# Solución al test n.º 3

**1.** a) La acidez del medio, que afecta a los pigmentos presentes.

**2.** b) En aplicar altas temperaturas para coagular las proteínas y retener los jugos internos.

**3.** a) Porque la grasa se vuelve menos digerible y genera residuos tóxicos.

**4.** c) En cocinar un alimento mientras se dora su superficie y se reduce el líquido de cocción.

**5.** b) Holandesa.

**6.** c) Se obtiene a partir de huesos de vacuno y despojos tostados al horno.

**7.** c) Se obtiene a partir de carne, huesos de ave o ternera y hortalizas en mirepoix.

**8.** b) Fundir la mantequilla a fuego suave, añadir la harina tamizada y remover constantemente.

**9.** b) Manos de ternera o huesos de ave.

**10.** b) Pescados de roca como rascacio y gallineta.

**11.** b) Ensalada Nantaise.

**12.** c) Ternasco de Aragón.

**13.** c) Boliches de Embún.

**14.** c) Ultracongelación.

**15.** b) Salazón.

**16.** c) 2 °C.

**17.** b) Contar con revestimientos anticorrosión.

**18.** c) Entre 15 y 18 ºC.

**19.** c) En consumir primero los productos que llevan más tiempo almacenados.

**20.** d) Vacío compensado.

# TEST N.º 4

## Términos básicos de cocina

**1. ¿Qué es espalmar?**

a) Echar caldo hirviendo sobre pan, con el fin de hacer sopa.
b) Obtener fruta con azúcar cristalizada.
c) Recubrir un molde por el interior.
d) Adelgazar un género mediante golpes suaves.

**2. ¿Qué es acanalar?**

a) Dar forma de pelota de rugby a los tubérculos.
b) Cortar en dados.
c) Dar forma de cestitas para rellenar.
d) Decorar una verdura tallando su piel en tiras.

**3. ¿Cómo se denomina la acción de incorporar leche a una masa o salsa?**

a) Aderezar.
b) Ablactar.
c) Enlechar.
d) Albardar.

**4. ¿Qué es albardar?**

a) Recubrir con una lámina fina de tocino determinadas carnes y aves con poca grasa, para que resulten más jugosas y no se sequen al cocinarlas.
b) Hacer canales o estrías a las naranjas.
c) Aliñar o condimentar.
d) Cortar en rodajas una verdura.

**5. ¿Qué es bridar una pieza de carne?**

a) Atar con un hilo para que no se deforme durante la cocción.
b) Cortar en filetes finos.

c) Asar al horno de leña.
d) Ninguna respuesta es correcta.

**6. ¿Qué es empanar?**

a) Recubrir un alimento con harina antes de freírlo.
b) Recubrir un alimento con pan rallado antes de freírlo.
c) Meter un alimento entre dos porciones de pan antes de comerlo.
d) Servir un alimento en el plato.

**7. ¿Cómo se denomina la acción de cocinar un género a fuego lento en una pequeña cantidad de materia grasa?**

a) Refreír.
b) Rehogar.
c) Gratinar.
d) Empanar.

**8. ¿Cómo se denomina la acción de recubrir completamente un preparado con una salsa lo suficientemente espesa?**

a) Napar.
b) Salsear.
c) Espesar.
d) Encamisar.

**9. ¿Qué es mechar?**

a) Cortar la carne asada en filetes muy finos para servir con salsa.
b) Cocer la carne en un utensilio con una mecha de alcohol.
c) Introducir en la carne cruda tiras de panceta, zanahorias, trufas, etc.
d) Cortar las verduras para menestra.

**10. Risolar en cocina, se refiere a:**

a) Poner en salmuera un género crudo para su conservación.
b) Dorar un género a fuego vivo, con grasa, que resultará totalmente cocinado.
c) Añadir condimentos a un género para darle olor o sabor.
d) Regar un preparado que se está cocinando, con un líquido.

**11. Acaramelar es:**

a) Sazonar.
b) Dar brillo con jalea (zumo de frutas con azúcar) gelatina o grasa a un preparado.

c) Hacer pequeños surcos en la piel de algunas frutas o verduras con el fin de embellecerlas.

d) Bañar o cubrir con caramelo un preparado.

**12. Poner jugo de limón o vinagre al agua para cocinar algunos platos es:**

a) Albardar.
b) Acidular.
c) Acaramelar.
d) Sazonar.

**13. Culinariamente, emborrachar un alimento significa:**

a) Empapar un postre con almíbar, vino o licor.
b) Marearlo en una sartén hasta que esté hecho.
c) Hervirlo en alcohol.
d) Todas las respuestas son correctas.

**14. Sumergir en agua hirviendo un género, manteniéndolo poco tiempo, se corresponde con la definición de:**

a) Empanar.
b) Emborrachar.
c) Cocer.
d) Escaldar.

**15. Una guarnición de tomate picado gruesamente sin piel ni pepitas y rehogado es:**

a) Una concasse.
b) Una cocotera.
c) Una chiffonada.
d) Todas son correctas.

**16. Glasear es:**

a) Coagular por medio de temperaturas de "menos cero" una mezcla de repostería llamada helado.
b) Tostar la superficie de un género en un horno fuerte, salamandra o gratinador.
c) Cubrir un preparado de pastelería con azúcar fondant, mermelada, azúcar glass.
d) Presionar con el rodillo, dándole movimiento de rotación de atrás hacia delante, sobre una pasta, para adelgazarla.

**17. ¿Cuál de las siguientes afirmaciones es cierta, en relación con el corte en juliana?**

a) No existe dicho corte en los trabajos de cocina.
b) Es un corte en láminas redondas y de gran espesor.

c) Forma de cortar en tiras de 3 a 5 centímetros de largo por 1 a 3 milímetros de grueso.
d) Ninguna de las respuestas es correcta.

**18. Macerar significa:**

a) Añadir a un preparado un elemento de ligazón para espesarlo. Mezclar diversos ingredientes formando una única masa o género.
b) Espolvorear con azúcar glass, también llamado azúcar lustra, un preparado dulce.
c) Poner a remojar en vino, licor o aguardiente, etc., alimentos muy diversos (frutas, carnes), con el fin de que adquieran parte de su sabor.
d) Poner géneros en compañía de vino, hortalizas y hierbas aromáticas, para ablandarlos aromatizarlos y conservarlos.

**19. Dejar envejecer una carne para que se ablande, desde un punto de vista culinario, se denomina:**

a) Macerar.
b) Sazonar.
c) Mortificar.
d) Pochar.

**20. Rebozar consiste en:**

a) Cubrir un género de una ligera capa de harina y otra posteriormente de huevo batido, antes de freírlo.
b) Quitar la cáscara superficial de ciertos alimentos.
c) Desmenuzar un género por medio de la máquina ralladora o rallador manual.
d) Ninguna de las anteriores respuestas es correcta.

En MADTEST tienes **más preguntas de este tema** y todos tus avances quedan registrados y se reflejan en el ranking.

**¡Supera tus límites con MADTEST!**

# Solución al test n.º 4

**1.** d) Adelgazar un género mediante golpes suaves.

**2.** d) Decorar una verdura tallando su piel en tiras.

**3.** b) Ablactar.

**4.** a) Recubrir con una lámina fina de tocino determinadas carnes y aves con poca grasa, para que resulten más jugosas y no se sequen al cocinarlas.

**5.** a) Atar con un hilo para que no se deforme durante la cocción.

**6.** b) Recubrir un alimento con pan rallado antes de freírlo.

**7.** b) Rehogar.

**8.** a) Napar.

**9.** c) Introducir en la carne cruda tiras de panceta, zanahorias, trufas, etc.

**10.** b) Dorar un género a fuego vivo, con grasa, que resultará totalmente cocinado.

**11.** d) Bañar o cubrir con caramelo un preparado.

**12.** b) Acidular.

**13.** a) Empapar un postre con almíbar, vino o licor.

**14.** d) Escaldar.

**15.** a) Una concasse.

**16.** c) Cubrir un preparado de pastelería con azúcar fondant, mermelada, azúcar glass.

**17.** c) Forma de cortar en tiras de 3 a 5 centímetros de largo por 1 a 3 milímetros de grueso.

**18.** c) Poner a remojar en vino, licor o aguardiente, etc., alimentos muy diversos (frutas, carnes), con el fin de que adquieran parte de su sabor.

**19.** c) Mortificar.

**20.** a) Cubrir un género de una ligera capa de harina y otra posteriormente de huevo batido, antes de freírlo.

# TEST N.º 5

## Maquinaria, herramientas y utensilios en las cocinas de colectividades

**1. ¿Qué característica debe cumplir cualquier generador de calor respecto a su ubicación?**

a) Dejará espacio alrededor para la difusión de la energía que se pierda.
b) La maquinaria ha de estar debidamente aislada para evitar toda pérdida de energía.
c) Toda maquinaria irá pegada a la pared.
d) Son correctas las respuestas a) y c).

**2. ¿Cómo se puede evitar que el gas salga una vez que los fogones están apagados y no hay llama?**

a) Solo se garantiza cortando el suministro.
b) Con una válvula de seguridad.
c) Con un generador de frío que compense el calor.
d) No se puede evitar.

**3. ¿Qué afirmación es cierta?**

a) En la placa de inducción el calor pasa de la resistencia eléctrica al cristal cerámico y de este al recipiente.
b) En las placas vitrocerámicas se utiliza un mecanismo de campo magnético.
c) La placa de inducción permanece fría al retirar el recipiente.
d) El sistema de inducción necesita utensilios no metálicos.

**4. ¿Qué función tiene la campana extractora en cocina?**

a) Absorber los vapores y gases desprendidos en la cocción.
b) Reducir la temperatura desprendida durante la cocción.
c) Mover el aire interno de la cocina para evitar que se concentren vapores.
d) Emitir aire frío.

**5. ¿Qué elementos suelen ser desmontables en las cocinas de gas?**

a) Rejilla-soporte de recipientes y placa recogedora de grasa.
b) Quemador y bandeja.
c) Todos los anteriores.
d) Ninguno de los anteriores.

**6. ¿Qué sistema de seguridad tienen las placas de inducción?**

a) Solo transmiten calor cuando entran en contacto con el recipiente.
b) Avisan sonoramente cuando se acerca la mano.
c) Marcan la temperatura del alimento que se está calentando.
d) Transmiten de manera continua el calor, y solo se puede regular por el propio trabajador.

**7. ¿Qué inconveniente tiene el uso de productos corrosivos en los fogones eléctricos?**

a) Pueden producir quemaduras o lesiones.
b) Pueden atacar al mecanismo del equipo.
c) Pueden producir accidentes cuando se conectan.
d) Todas las respuestas anteriores son correctas.

**8. ¿Qué equipos se utilizan en cocinas industriales?**

a) Generadores de calor.
b) Generadores de frío.
c) Las respuestas a) y b) son correctas.
d) Las respuestas a) y b) son falsas.

**9. ¿Cuál de estos procesos no necesitan máquinas generadoras de calor?**

a) Elaboración de platos.
b) Mantenimiento de las temperaturas de los alimentos.
c) Cocina en línea caliente.
d) Ninguna respuesta de las anteriores es correcta.

**10. ¿En qué caso es útil un generador de frío?**

a) Conservación de género perecedero.
b) Conservación de alimentos congelados.
c) Mantenimiento de comidas preparadas.
d) Todas las respuestas son correctas.

**11. ¿Qué función tiene el abatidor de temperatura?**

a) Aumentar la temperatura.
b) Conservar el alimento.
c) Bajar la temperatura del alimento.
d) Cocer alimentos a presión.

**12. ¿Cuál de estos elementos alcanza una temperatura más baja?**

a) Cámara de refrigeración.
b) Cámara de congelación.
c) Abatidor de temperatura.
d) Antecámara.

**13. ¿Cómo se realiza el control de temperatura en el interior del alimento?**

a) Mediante sondas termométricas.
b) Mediante agujas sondas.
c) Midiendo la temperatura exterior con un termómetro y calculando 10 º menos.
d) Son ciertas las respuestas a) y b).

**14. ¿Qué son las mesas refrigeradas?**

a) Son mesas de trabajo de acero inoxidable y en su parte inferior tiene instalado un sistema frigorífico.
b) Son mesas de trabajo cuya única característica es que están dentro de una cámara frigorífica.
c) Son mesas para mantener calientes las elaboraciones hasta el momento del servicio.
d) Ninguna respuesta es correcta.

**15. ¿Cuál de estas características para las cámaras frigoríficas es correcta?**

a) Las superficies serán impermeables a las condensaciones y a la humedad, y de fácil limpieza.
b) Las puertas cerrarán con dispositivos herméticos y se abrirán por dentro y por fuera.
c) Todos los accesorios interiores y estantes serán desmontables y fáciles de limpiar.
d) Todas las respuestas son correctas.

**16. ¿Cómo se hace el helado?**

a) Por batido y enfriamiento.
b) Por congelación y posterior mezcla.
c) Por fusión y batido.
d) Por congelación.

**17. ¿Qué es una salamandra?**

a) Un horno.
b) Una placa.
c) Una gratinadora.
d) Una tostadora.

**18. ¿Qué precaución se ha de tomar en el momento de limpiar una freidora?**

a) Que esté desconectada.
b) Que el aceite no esté todavía caliente.
c) Vaciar la cubeta.
d) Todas las respuestas son ciertas.

**19. ¿Qué sistema utiliza el horno microondas para transmitir el calor?**

a) Ondas electromagnéticas.
b) Gas.
c) Calor.
d) Puede utilizar cualquier fuente de calor.

**20. ¿Qué precaución se tomará en el manejo del microondas?**

a) No meter nunca recipientes metálicos.
b) Introducir alimentos en recipientes herméticos.
c) No se limpiará el interior.
d) Todas las respuestas son ciertas.

En MADTEST tienes **más preguntas de este tema** y todos tus avances quedan registrados y se reflejan en el ranking.

**¡Supera tus límites con MADTEST!**

# Solución al test n.º 5

**1.** b) La maquinaria ha de estar debidamente aislada para evitar toda pérdida de energía.

**2.** b) Con una válvula de seguridad.

**3.** c) La placa de inducción permanece fría al retirar el recipiente.

**4.** a) Absorber los vapores y gases desprendidos en la cocción.

**5.** c) Todos los anteriores.

**6.** a) Solo transmiten calor cuando entran en contacto con el recipiente.

**7.** d) Todas las respuestas anteriores son correctas.

**8.** c) Las respuestas a) y b) son correctas.

**9.** d) Ninguna respuesta de las anteriores es correcta.

**10.** d) Todas las respuestas son correctas.

**11.** c) Bajar la temperatura del alimento.

**12.** b) Cámara de congelación.

**13.** d) Son ciertas las respuestas a) y b).

**14.** a) Son mesas de trabajo de acero inoxidable y en su parte inferior tiene instalado un sistema frigorífico.

**15.** d) Todas las respuestas son correctas.

**16.** a) Por batido y enfriamiento.

**17.** c) Una gratinadora.

**18.** d) Todas las respuestas son ciertas.

**19.** a) Ondas electromagnéticas.

**20.** a) No meter nunca recipientes metálicos.

# TEST N.º 6

## Batería de cocina: componentes y conservación

### 1. ¿Cómo se clasifica la batería de cocina según su uso?

a) Por material de fabricación.
b) Por tamaño y forma.
c) Por utensilios de cocción, preparación y conservación, y pequeños accesorios.
d) Por facilidad de limpieza.

### 2. ¿Qué material es inadecuado para conservar alimentos ácidos o grasos?

a) Acero inoxidable.
b) Aluminio.
c) Cerámica esmaltada.
d) Vidrio templado.

### 3. ¿Qué característica hace del acero inoxidable un material común en utensilios de cocina?

a) Es barato.
b) Es muy ligero.
c) Resistencia y fácil limpieza.
d) Alta conductividad térmica.

### 4. ¿Qué material requiere un secado perfecto para evitar la oxidación?

a) Hierro fundido.
b) Acero negro.
c) Cobre estañado.
d) Cerámica.

### 5. ¿Qué utensilio de cocina es adecuado para calentar líquidos a baja temperatura?

a) Marmita.
b) Rondón.

c) Cazuela de barro.
d) Sautese.

**6. ¿Qué utensilio es ideal para cocinar alimentos al vapor?**

a) Lubinera.
b) Cocedor de vapor.
c) Sartén.
d) Rustidera.

**7. ¿Qué utensilio se utiliza para preparar grandes cantidades de alimentos como caldos o fondos?**

a) Cazuela de barro.
b) Marmita.
c) Baño María.
d) Rondón.

**8. ¿Cuál es el principal problema del uso de plásticos en utensilios de cocina?**

a) Su durabilidad.
b) La migración de compuestos químicos.
c) Su peso.
d) Su resistencia térmica.

**9. ¿Qué utensilio es adecuado para servir y mantener calientes las salsas?**

a) Baño María.
b) Sartén.
c) Perol.
d) Lubinera.

**10. ¿Qué material permite una cocción lenta y es típico de la gastronomía española?**

a) Vidrio templado.
b) Cerámica.
c) Acero inoxidable.
d) Aluminio.

**11. ¿Qué diferencia al rondón de una marmita?**

a) Su material.
b) Su tamaño.
c) Su uso.
d) Su capacidad térmica.

**12. ¿Qué utensilio se utiliza para preparar pescados al vapor?**

a) Turbotera.
b) Lubinera.
c) Besuguera.
d) Sautese.

**13. ¿Qué componente metálico se emplea en utensilios para mejorar su conductividad térmica?**

a) Hierro fundido.
b) Láminas de cobre y aluminio.
c) Titanio.
d) Cerámica esmaltada.

**14. ¿Qué utensilio es característico para preparar paellas?**

a) Marmita.
b) Rondón.
c) Paellera.
d) Perol.

**15. ¿Qué material requiere curado periódico para evitar la corrosión?**

a) Aluminio.
b) Hierro fundido.
c) Acero inoxidable.
d) Vidrio templado.

**16. ¿Qué utensilio es adecuado para la preparación de salsas emulsionadas?**

a) Baño María.
b) Sartén tipo saute ruso.
c) Rondón.
d) Perol.

**17. ¿Qué material de batería de cocina es más usado en tapas de ollas?**

a) Cerámica.
b) Vidrio templado.
c) Acero inoxidable.
d) Titanio.

**18. ¿Qué utensilio se usa principalmente en cocinas colectivas para grandes piezas de carne?**

a) Bresera.
b) Rondón.
c) Marmita.
d) Perol.

**19. ¿Qué utensilio es ideal para asar pescados de forma alargada?**

a) Cazuela de barro.
b) Lubinera.
c) Besuguera.
d) Rondón.

**20. ¿Qué diferencia tiene la sartén abatible frente a la tradicional?**

a) Tiene mayor profundidad.
b) Es multifuncional y volcable.
c) Está fabricada en aluminio.
d) Se utiliza solo para frituras.

En MADTEST tienes **más preguntas de este tema** y todos tus avances quedan registrados y se reflejan en el ranking.

**¡Supera tus límites con MADTEST!**

# Solución al test n.º 6

**1.** c) Por utensilios de cocción, preparación y conservación, y pequeños accesorios.

**2.** b) Aluminio.

**3.** c) Resistencia y fácil limpieza.

**4.** b) Acero negro.

**5.** a) Marmita.

**6.** b) Cocedor de vapor.

**7.** b) Marmita.

**8.** b) La migración de compuestos químicos.

**9.** a) Baño María.

**10.** b) Cerámica.

**11.** b) Su tamaño.

**12.** b) Lubinera.

**13.** b) Láminas de cobre y aluminio.

**14.** c) Paellera.

**15.** b) Hierro fundido.

**16.** b) Sartén tipo saute ruso.

**17.** b) Vidrio templado.

**18.** a) Bresera.

**19.** c) Besuguera.

**20.** b) Es multifuncional y volcable.

# TEST N.º 7

## Técnicas para tratamiento inicial y preparación de los alimentos (limpieza, cortes y preelaboración)

**1. ¿Cómo se denomina el fraccionado de los trozos o filetes de carne en porciones de tamaño reducido, mediante máquina o instrumentos cortantes adecuados?**

a) Troceado.
b) Fileteado.
c) Picado.
d) Oreo.

**2. Si al pelar una hortaliza se ennegrece, ¿qué debemos hacer?**

a) Meterla en agua con unas gotas de limón.
b) Restregarla con sal.
c) Limpiarla con unas gotas de lejía.
d) Envolverla en papel de aluminio durante 10 minutos.

**3. Es aconsejable lavar las hortalizas que se consumen crudas:**

a) Con agua salada.
b) Con agua y unas gotas de lejía.
c) Solamente con agua.
d) Con agua a la que se le añaden unas gotas de limón.

**4. En la preparación básica de:**

a) Los tomates, se deberá quitar la piel en todos los casos.
b) Las alcachofas, una vez eliminadas las hojas exteriores, se meterán en agua con lejía para evitar su ennegrecimiento.
c) La remolacha roja, se lavará primero sin cortar las ramas o tallos con los que vienen.
d) Las acelgas, solo se utilizarán las hojas, desprendiéndoles los tallos, por no tener ningún valor nutritivo.

**5. En cuanto a la judía verde:**

a) Solo se aprovecha la vaina.
b) Se limpiará eliminando los filamentos que unen ambas caras de la vaina.
c) La corola leñosa que le sirve para sujetarse a la mata puede usarse como condimento.
d) Una vez pelada se limpiará con agua y abundante sal.

**6. Los ajos:**

a) Son usados para la elaboración de encurtidos, con sales y aceites.
b) Son bulbos, semillas que crecen sobre tierra, necesitando gran cantidad de agua para su crecimiento.
c) A los dientes se les deberá quitar siempre la película que los protege pues esta es muy dañina.
d) Todas son incorrectas.

**7. ¿A qué es debido el ennegrecimiento que presentan algunas hortalizas cuando se les quita la piel protectora?**

a) Al alto contenido en agua.
b) A los productos fertilizantes con los que son tratados.
c) A las bacterias y enzimas.
d) A la oxidación.

**8. ¿Cuál de los siguientes sistemas es correcto para el pelado de verduras?**

a) Con cuchillo o con máquina peladora.
b) Por escaldado.
c) Por asado.
d) Todas las respuestas son correctas.

**9. ¿Qué son alcauciles?**

a) Judías.
b) Alcachofas.
c) Guisantes.
d) Habas.

**10. ¿Cómo es el corte brunoise?**

a) Dados pequeños.
b) Láminas.
c) Tiras finas.
d) A gajos.

**11. En la preparación de aves, ¿a qué llamamos "albardado"?**

a) A la eliminación de las plumas.
b) A sujetar las carnes crudas de ave para mejorar su estética ante el comensal.
c) A envolver el ave en tiras de tocino, para evitar que se reseque al cocinarlo.
d) A eliminar patas, cabeza y cuello.

**12. ¿Cómo es el corte de la patata paja?**

a) Dados pequeños.
b) Muy fina, se corta con mandolina.
c) Muy gruesa, se corta con cuchillo.
d) Rodajas onduladas.

**13. ¿Qué partes no comestibles suelen retirarse de la carne?**

a) Vasos sanguíneos.
b) Exceso de grasa.
c) Nervios y tendones.
d) Todas las respuestas son correctas.

**14. ¿En qué parte de la vaca está el morrillo?**

a) En la parte inferior de la pierna.
b) Entre el pecho y el cuello.
c) En la parte exterior de la paletilla.
d) Entre el lomo y el pescuezo.

**15. ¿Cómo se cortan las patas de las aves?**

a) A golpe de cuchillo.
b) Retorciendo manualmente.
c) Cortando alrededor de la rótula para luego tronchar.
d) Chamuscando.

**16. ¿Qué corte del pescado lleva espina?**

a) Lomo.
b) Medallón.
c) Suprema.
d) Ninguna respuesta es correcta.

**17. ¿Qué parte de la judía verde es comestible?**

a) La vaina.
b) La semilla interna.

c) El tallo.
d) Las respuestas a) y b) son correctas.

**18. ¿Qué operaciones se realizan en la zona de carnes de la sección de preparación?**

a) Fileteado.
b) Picado.
c) Limpieza de aves.
d) Todas las respuestas son correctas.

**19. ¿Qué operación se realiza en la zona de preparación de pescado?**

a) Pelado.
b) Escurrido.
c) Desespinado.
d) Todas son ciertas.

**20. ¿Cómo se lavará la carne?**

a) Bajo el chorro de agua cuando está troceada.
b) Con agua potable.
c) Solo cuando la canal está entera.
d) No se lavará la carne.

En MADTEST tienes **más preguntas de este tema** y todos tus avances quedan registrados y se reflejan en el ranking.

**¡Supera tus límites con MADTEST!**

# Solución al test n.º 7

**1.** c) Picado.

**2.** a) Meterla en agua con unas gotas de limón.

**3.** b) Con agua y unas gotas de lejía.

**4.** c) La remolacha roja, se lavará primero sin cortar las ramas o tallos con los que vienen.

**5.** b) Se limpiará eliminando los filamentos que unen ambas caras de la vaina.

**6.** a) Son usados para la elaboración de encurtidos, con sales y aceites.

**7.** d) A la oxidación.

**8.** d) Todas las respuestas son correctas.

**9.** b) Alcachofas.

**10.** a) Dados pequeños.

**11.** c) Envolver el ave en tiras de tocino, para evitar que se reseque al cocinarlo.

**12.** b) Muy fina, se corta con mandolina.

**13.** d) Todas las respuestas son correctas.

**14.** b) Entre el pecho y el cuello.

**15.** c) Cortando alrededor de la rótula para luego tronchar.

**16.** d) Ninguna respuesta es correcta.

**17.** d) Las respuestas a) y b) son correctas.

**18.** d) Todas las respuestas son correctas.

**19.** c) Desespinado.

**20.** b) Con agua potable.

# TEST N.º 8

**Riesgos derivados de la manipulación de los alimentos: Alteraciones de los alimentos. Contaminación de los alimentos. Medios de transmisión de los gérmenes. Condiciones que favorecen su desarrollo. El plato testigo. Análisis de peligros y puntos de control crítico**

**1. Todo manipulador de alimentos debe respetar las siguientes normas de higiene:**

a) Lavado de manos con agua caliente y jabón.
b) Fumar, toser o estornudar sobre el alimento.
c) Usar mascarilla exclusivamente para la manipulación de productos que se consumirán en crudo.
d) Todas son correctas.

**2. ¿Quién impartirá la formación a los manipuladores de alimentos?**

a) La propia empresa o una entidad autorizada por la autoridad sanitaria competente.
b) La propia empresa siempre.
c) La autoridad competente.
d) Una empresa auditora.

**3. ¿Cuál es la definición correcta de "Higiene Alimentaria", según la Organización Mundial de la Salud?**

a) El conjunto de medidas necesarias para asegurar la salubridad de un producto.
b) El conjunto de medidas necesarias para asegurar la inocuidad de un producto.
c) El conjunto de medidas necesarias para asegurar el buen estado de los productos.
d) El conjunto de medidas necesarias para asegurar la salubridad, inocuidad y buen estado de los productos destinados a la alimentación, en todas las etapas de su preparación.

**4. ¿Qué requisitos exige el Reglamento 852/2004 del Parlamento Europeo, para los locales destinados a los productos alimenticios?**

a) Habrá ventilación artificial para evitar tener que hacer control de temperatura.
b) Se evitarán las corrientes de aire desde zonas contaminadas a zonas limpias.

c) Dispondrán siempre de buena iluminación natural.
d) Todas las respuestas son correctas.

**5. El Reglamento 852/2004 establece las disposiciones aplicables a los productos alimenticios, ¿cuál de las siguientes es falsa?**

a) Las materias primas e ingredientes se almacenarán en condiciones adecuadas, que permitan evitar su deterioro y protegerlos de la contaminación.
b) Las materias primas o productos no deberán conservarse a temperaturas que puedan dar lugar a riesgos para la salud.
c) Cuando un operador de empresa alimentaria prevea razonablemente que una materia prima pueda estar contaminada, la someterá a cocción prolongada para eliminar los microorganismos.
d) La descongelación se hará de modo que se reduzca al mínimo el riesgo de multiplicación de microorganismos patógenos o la formación de toxinas.

**6. ¿Qué norma establece las infracciones en materia de seguridad alimentaria y las sanciones correspondientes?**

a) El Reglamento 852/2004 del Parlamento Europeo y del Consejo, de 29 de abril, relativo a la higiene de los productos alimenticios.
b) La Ley 17/2009, de 23 de noviembre.
c) El Real Decreto 202/2000, de 11 de febrero, por el que se establecen las normas relativas a los manipuladores de alimentos.
d) La Ley 17/2011, de 5 de julio, de seguridad alimentaria y nutrición.

**7. ¿Qué es un portador sano?**

a) Persona que sin presentar síntomas de enfermedad, puede transmitir gérmenes a los alimentos y causar daños en otras personas.
b) Persona con alguna patología que trabaja de pinche de cocina.
c) Persona que presenta síntomas de enfermedad, puede transmitir gérmenes a los alimentos y causar daños en otras personas.
d) Persona ajena a la cocina que es portadora de bacterias.

**8. En las instalaciones donde se manipulan alimentos, está...**

a) Prohibido fumar, comer, mascar chicle, escupir o cualquier cosa no higiénica que pueda contaminar los alimentos.
b) Prohibido fumar, pero sí se puede comer.
c) No se puede mascar chicles, pero se puede comer.
d) Está prohibido mascar chicle, pero se puede fumar.

**9. ¿Cuál es la normativa vigente en materia de formación de manipuladores de alimentos?**

a) Real Decreto 202/2000, de 11 de febrero.
b) Reglamento (CE) n.º 852/2004 del Parlamento Europeo y del Consejo, de 29 de abril.

c) Real Decreto 109/2010, de 5 de febrero.
d) Ley 17/2009, de 23 de noviembre.

**10. ¿Establece la normativa vigente algún requisito higiénico para los equipos de cocina?**

a) No, no hay requisitos específicos sobre higiene.
b) Obliga a que lleven dispositivos de control en todo caso.
c) Cuando estén en contacto con los alimentos deberán limpiarse y desinfectarse con frecuencia.
d) Diariamente deberán desmontarse para su limpieza.

**11. ¿Qué dice el Reglamento 852/2004 sobre los contenedores de desperdicios de productos alimenticios?**

a) Estarán provistos de cierre y se mantendrán limpios.
b) Tendrán una capacidad de 10 metros cúbicos.
c) Serán de color negro.
d) Todas las respuestas son correctas.

**12. ¿A qué temperatura mueren la mayoría de los microorganismos?**

a) A -18 ºC.
b) A 50 ºC.
c) A 65 ºC.
d) A 100 ºC.

**13. ¿Cuáles de los siguientes microorganismos son parásitos?**

a) Salmonella, Clostridium y Vibrio.
b) Hepatitis, Norwalk y Virus de la encelopatía espongiforme bovina.
c) Triquina, Anisakis y protozoos.
d) Todas las respuestas son correctas.

**14. ¿Cuál de las siguientes bacterias se puede encontrar en las ostras?**

a) Yersinia.
b) *Campylobacter.*
c) *Bacillus.*
d) Estafilococo.

**15. ¿Cuál de las siguientes bacterias se puede encontrar en la harina?**

a) Yersinia.
b) *Campylobacter.*

c) *Bacillus.*
d) Estafilococo.

### 16. ¿Qué síntomas se producen en la brucelosis?

a) Fiebre, dolor de cabeza y pérdida de apetito.
b) Fiebre, dolor muscular y parálisis facial.
c) Diarreas hemorrágicas.
d) Ninguno de los anteriores.

### 17. ¿Qué alimento puede portar el parásito causante de la triquinosis?

a) Fruta.
b) Pescado.
c) Carne.
d) Verdura.

### 18. ¿Qué es el Anisakis?

a) Un virus.
b) Un parásito.
c) Una bacteria.
d) Un hongo.

### 19. ¿Qué cantidad mínima se ha de recoger en la muestra de las comidas testigo?

a) Una ración individual de como mínimo de 100 g.
b) Dos raciones de 50 g cada una.
c) Una ración individual de como mínimo de 250 g.
d) Todas son correctas.

### 20. ¿Cuánto tiempo se conservarán los platos testigos según el Real Decreto 1086/2020, de 9 de diciembre?

a) 7 días mínimos.
b) 48 horas máximo.
c) Un día.
d) Se consumirán de manera inmediata.

En MADTEST tienes **más preguntas de este tema** y todos tus avances quedan registrados y se reflejan en el ranking.

**¡Supera tus límites con MADTEST!**

# Solución al test n.º 8

**1.** a) Lavado de manos con agua caliente y jabón.

**2.** a) La propia empresa o una entidad autorizada por la autoridad sanitaria competente.

**3.** d) El conjunto de medidas necesarias para asegurar la salubridad, inocuidad y buen estado de los productos destinados a la alimentación, en todas las etapas de su preparación.

**4.** b) Se evitarán las corrientes de aire desde zonas contaminadas a zonas limpias.

**5.** c) Cuando un operador de empresa alimentaria prevea razonablemente que una materia prima pueda estar contaminada, la someterá a cocción prolongada para eliminar los microorganismos.

**6.** d) La Ley 17/2011, de 5 de julio, de seguridad alimentaria y nutrición.

**7.** a) Persona que sin presentar síntomas de enfermedad, puede transmitir gérmenes a los alimentos y causar daños en otras personas.

**8.** a) Prohibido fumar, comer, mascar chicle, escupir o cualquier cosa no higiénica que pueda contaminar los alimentos.

**9.** b) Reglamento (CE) n.º 852/2004 del Parlamento Europeo y del Consejo, de 29 de abril.

**10.** c) Cuando estén en contacto con los alimentos deberán limpiarse y desinfectarse con frecuencia.

**11.** a) Estarán provistos de cierre y se mantendrán limpios.

**12.** d) A 100 ºC.

**13.** c) Triquina, Anisakis y protozoo.

**14.** a) Yersinia.

**15.** c) Bacillus.

**16.** a) Fiebre, dolor de cabeza y pérdida de apetito.

**17.** c) Carne.

**18.** b) Un parásito.

**19.** a) Una ración individual de como mínimo de 100 g.

**20.** a) 7 días mínimos.

# TEST N.º 9

## La cocina. Importancia y condiciones que debe reunir el local. División del local

**1. El servicio de cocina hospitalaria, ¿será propio o ajeno?**

a) Propio.
b) Ajeno.
c) Puede ser propio o ajeno.
d) Ya sea propio o ajeno, la cocina siempre estará situada en el centro.

**2. Si la gestión del servicio de cocina se externaliza, y la comida se elabora en las instalaciones del Hospital, ¿qué modalidad es aquella en la que la explotación de la cocina corresponde al personal del Centro Hospitalario, pero la provisión de materia prima se lleva a cabo a través de un proveedor externo?**

a) Unidad de producción externa.
b) Unidad de producción interna y provisión externa.
c) Unidad de producción mixta.
d) Internalización de la gestión.

**3. ¿Cómo debe ser el suelo de la cocina de un hospital?**

a) De metal con rejillas.
b) Antideslizantes.
c) Con inclinación suficiente hacia sumideros.
d) Las opciones b) y c) son correctas.

**4. ¿Cuál de los siguientes no es una característica de los equipos y otros útiles de trabajo en una cocina?**

a) Materiales inocuos.
b) Materiales porosos.
c) Materiales lisos.
d) Materiales fáciles de limpiar.

**5. ¿Cómo han de ser los techos de una cocina para colectividades?**

a) Estarán construidos de forma que no se acumule polvo.
b) De fácil limpieza.
c) Protecciones para evitar cualquier tipo de accidente por rotura.
d) Todas son correctas.

**6. A una de las puertas batientes le ha salpicado aceite; ¿cómo serán las puertas de la cocina?**

a) De material liso.
b) Fáciles de limpiar.
c) De material rugoso.
d) Las respuestas a) y b) son correctas.

**7. ¿Qué son las partidas?**

a) Secciones de cocina donde se realizan distintas tareas.
b) Equipos específicos para tareas de pastelería o salsero.
c) Grupos de personas que elaboran un plato concreto.
d) Sistema de producción en cocina.

**8. ¿A qué partida corresponde la elaboración de fondos?**

a) A la partida de salsero.
b) A la partida de entremetier.
c) A la partida de pastelero.
d) Son correctas las respuestas a) y b).

**9. ¿Cuál de estas tareas corresponde a la partida de cuarto frío?**

a) Producción de pan.
b) Preparación de guarniciones.
c) Limpieza y fraccionamiento de pescados.
d) Todas las respuestas son correctas.

**10. ¿Qué diferencia una distribución lineal de cocina con una distribución en U?**

a) La ubicación de entrada y salida.
b) La ordenación de las secciones.
c) El avance del proceso.
d) Todas las respuestas son ciertas.

**11. En una distribución lineal, ¿dónde se ubica la sección de emplatado?**

a) Inmediatamente tras la sección de preparación.
b) Tras la sección de elaboración.

c) Antes de la sección de recepción.
d) Tras la sección de preparación.

**12. El nivel de iluminación que debe reunir un local de cocina estará calculado para un valor de:**

a) 100 lux.
b) 200 lux
c) 500 lux.
d) 800 lux.

**13. ¿En qué consiste el *catering*?**

a) La comida se elabora en el propio centro.
b) La comida se lleva elaborada al hospital para su distribución.
c) Es un sistema de centralización con autogestión.
d) Ninguna respuesta es correcta.

**14. ¿Puede haber externalización de la gestión cuando la unidad de producción es interna?**

a) Sí, mediante la centralización.
b) Sí, la explotación de la cocina corresponde al personal del centro, pero la provisión de materia prima no.
c) No, siempre habrá unidad de producción externa.
d) No, nunca.

**15. ¿Cómo se realiza la explotación de una cocina centralizada?**

a) La comida se elabora en las instalaciones propias de una empresa privada, y es transportada al hospital, donde la distribuye el personal del centro.
b) Los procesos de producción de comida, conservación, emplatado y distribución se llevan a cabo en las instalaciones de cocina del hospital.
c) La elaboración de la comida la realiza personal del propio Centro junto con personal de la empresa externa contratada. A esta última le corresponde además la provisión de materia prima.
d) Todas las opciones anteriores corresponden a un sistema de autogestión.

**16. ¿En qué partida es frecuente que no se disponga de cocina para la elaboración de algunos platos, que posteriormente se sirvan fríos, aunque luego vuelvan a la misma después de pasar por otra?**

a) Partida de Salsero.
b) Partida de cuarto frío.
c) Partida de Entremetier o entremesero.
d) Partida de Pastelero.

**17. ¿Dónde existirán rustideras como dotación de partida de Unidad de Cocina?**

a) Partida de Salsero.
b) Partida de cuarto frío.
c) Partida de Entremetier o entremesero.
d) Son ciertas las respuestas a) y c).

**18. ¿En qué organización y distribución adecuada de las zonas de trabajo de la unidad de cocina central el avance en la marcha hace un giro de 180º con cambio de sentido?**

a) Lineal.
b) Cíclica.
c) En L.
d) En U.

**19. ¿Cómo se denomina la distribución según estén las secciones de la cocina hospitalaria cuando la entrada de la materia prima y la salida de los platos elaborados se disponen en lugares opuestos, el avance es en un sentido, pero en algún punto se produce un ángulo para aprovechar el espacio?**

a) Lineal.
b) Cíclica.
c) En L.
d) En U.

**20. ¿Qué modalidad de explotación de Cocina Hospitalaria, dentro de la Internalización o autogestión, implica que la elaboración de la comida se lleva a cabo en la cocina, pero la distribución se realiza en los distintos departamentos?**

a) Cocina descentralizada.
b) Cocina centralizada.
c) Unidad de producción externa.
d) Elaboración externa o catering.

En MADTEST tienes **más preguntas de este tema** y todos tus avances quedan registrados y se reflejan en el ranking.

**¡Supera tus límites con MADTEST!**

# Solución al test n.º 9

**1.** c) Puede ser propio o ajeno.

**2.** b) Unidad de producción interna y provisión externa.

**3.** c) Las opciones b) y c) son correctas.

**4.** b) Materiales porosos.

**5.** d) Todas son correctas.

**6.** d) Las respuestas a) y b) son correctas.

**7.** a) Secciones de cocina donde se realizan distintas tareas.

**8.** d) Son correctas las respuestas a) y b).

**9.** c) Limpieza y fraccionamiento de pescados.

**10.** a) La ubicación de entrada y salida.

**11.** b) Tras la sección de elaboración.

**12.** c) 500 lux.

**13.** b) La comida se lleva elaborada al hospital para su distribución.

**14.** b) Sí, la explotación de la cocina corresponde al personal del centro, pero la provisión de materia prima no.

**15.** b) Los procesos de producción de comida, conservación, emplatado y distribución se llevan a cabo en las instalaciones de cocina del hospital.

**16.** b) Cuarto frío.

**17.** d) Son ciertas a) y c).

**18.** d) En U.

**19.** c) En L.

**20.** a) Cocina descentralizada.

# TEST N.º 10

**Cuidado y limpieza del local, maquinaria, accesorios y menaje de cocina. Medidas de higiene. Productos de limpieza**

**1. ¿Qué propiedades debe tener un detergente?**

a) Poder humectante.
b) Poder dispersante.
c) Poder de suspensión.
d) Todas.

**2. ¿Qué combinación no es posible en la composición de un detergente?**

a) Tensioactivos aniónicos con tensioactivos no iónicos.
b) Tensioactivos catiónicos con tensioactivos anfotéricos.
c) Tensioactivos no iónicos con coadyuvantes.
d) Tensioactivos aniónicos con tensioactivos catiónicos.

**3. ¿En qué fase del proceso de limpieza se aplica detergente disuelto en agua, y se deja actuar durante un tiempo, para que se desprenda la capa de suciedad?**

a) Lavado.
b) Prelavado.
c) Enjuague.
d) Desinfección.

**4. ¿De qué factores depende la frecuencia en la limpieza?**

a) Frecuencia de uso.
b) Estado previo de la limpieza.
c) Tipo de alimentos que se manipulen.
d) Todas las respuestas son correctas.

**5. ¿Cómo influye el uso de productos eficaces en la limpieza?**

a) Aumentando la acción mecánica.
b) Mejorando la acción química.
c) Aumentando el tiempo.
d) Disminuyendo la temperatura.

**6. ¿Cuál de estos tensioactivos no tiene carga es solución acuosa?**

a) Aniónicos.
b) Catiónicos.
c) No iónicos.
d) Las respuestas a) y b) son correctas.

**7. ¿Qué características tiene la lejía como desinfectante?**

a) Es corrosiva para algunos metales.
b) Es inestable.
c) Puede liberar gases asfixiantes en contacto con algunos productos.
d) Todas las respuestas son correctas.

**8. ¿Qué significan las indicaciones de peligro (H) en la etiqueta de un producto de limpieza?**

a) Recomendaciones de uso.
b) Riesgos de seguridad.
c) Consejos específicos.
d) Composición.

**9. ¿Cómo se denominan sustancias y preparados que en contacto con tejidos vivos pueden ejercer acción destructora de los mismos?**

a) Irritantes.
b) Nocivos.
c) Corrosivos.
d) Inflamables.

**10. ¿Qué precauciones debe tomar con los envases de productos de limpieza?**

a) Verificar el buen estado de recipientes y envases para evitar fugas.
b) Se mantendrán cerrados mientras no se usen.
c) Elegir recipientes adecuados para utilizar pequeñas cantidades de producto.
d) Las respuestas a) y b) son correctas.

**11. Según el reglamento CLP, ¿qué indicaciones llevará la etiqueta?**

a) Frases R y S.
b) Consejos de prudencia e indicaciones de peligro.
c) Pictogramas que sustituyen a las antiguas frases R.
d) Todas las respuestas son correctas.

**12. ¿Qué tipos de peligro establece el Reglamento CLP?**

a) Físicos, para la salud y para el medio ambiente.
b) Físicos, químicos y biológicos.
c) Agudos y crónicos.
d) Leves, graves y muy graves.

**13. Un agente tensioactivo puede ser:**

a) Iónico (aniónico o catiónico), no iónico o anfótero.
b) Primario, secundario o terciario.
c) Reforzante, aditivo o coadyudante.
d) De alta, media o baja potencia.

**14. ¿Cómo se denomina la interrelación de los factores que influyen en la eliminación de la limpieza?**

a) Círculo de Grinner.
b) Círculo de Shinn.
c) Círculo de Sinner.
d) Círculo de Havers.

**15. La frase "lavar con agua y jabón abundante" es un consejo de prudencia:**

a) General.
b) De prevención.
c) De respuesta.
d) De almacenamiento y eliminación.

**16. ¿Cuál de los siguientes equipos se limpian con detergente antigrasa?**

a) Las marmitas y rustideras fijas.
b) Los fregaderos.
c) Los lavamanos.
d) La b) y la c) son correctas.

**17. Se entiende por cuerpo de cocina:**

a) A las planchas y quemadores.
b) A los soportes para el menaje y bandejas recoge grasas.
c) Al módulo donde se genera el calor por distintas fuentes.
d) Ninguna de las anteriores.

**18. ¿Qué es la plonge?**

a) Un lavavajillas.
b) Es el lugar donde se lavan las marmitas, sartenes, cazuelas y elementos móviles del resto de equipamiento.
c) Es la zona de lavado de la vajilla.
d) Es la zona de lavado mecánico.

**19. ¿Qué es incorrecto en la limpieza de marmitas y rustideras fijas?**

a) Deben quedar, una vez limpios, en perfecto estado para su próxima utilización.
b) No requiere de un secado posterior a su enjuague de limpieza.
c) Deben ser fregados y limpiados cada vez que se han utilizado.
d) Para su limpieza usar agua con detergente antigrasa, y con abundante agua clara para el enjuague.

**20. La limpieza y desinfección de los utensilios empleados en la cocina se realizará como mínimo:**

a) Antes y después de cada jornada.
b) Después de cada jornada.
c) Cada dos días.
d) Cada tres días.

En MADTEST tienes **más preguntas de este tema** y todos tus avances quedan registrados y se reflejan en el ranking.

**¡Supera tus límites con MADTEST!**

# Solución al test n.º 10

**1.** d) Todas.

**2.** d) Tensioactivos aniónicos con tensioactivos catiónicos.

**3.** a) Lavado.

**4.** d) Todas las respuestas son correctas.

**5.** b) Mejorando la acción química.

**6.** c) No iónicos.

**7.** d) Todas las respuestas son correctas.

**8.** b) Riesgos de seguridad.

**9.** c) Corrosivos.

**10.** d) Las respuestas a) y b) son correctas.

**11.** b) Consejos de prudencia e indicaciones de peligro.

**12.** a) Físicos, para la salud y para el medio ambiente.

**13.** a) Iónico (aniónico o catiónico), no iónico o anfótero.

**14.** c) Círculo de Sinner.

**15.** c) De respuesta.

**16.** a) Las marmitas y rustideras fijas.

**17.** c) Al módulo donde se genera el calor por distintas fuentes.

**18.** b) Es el lugar donde se lavan las marmitas, sartenes, cazuelas y elementos móviles del resto de equipamiento.

**19.** b) No requiere de un secado posterior a su enjuague de limpieza.

**20.** b) Después de cada jornada.

# TEST N.º 11

**Cocina hospitalaria centralizada, el concepto de marcha adelante, organización, equipamiento y distribución. Secciones de preparación, emplatado, distribución de las plantas hospitalarias. Transporte y recogida**

**1. A la hora de seleccionar una máquina de cocina, ¿qué factor/es se tendrá/n en cuenta?**

a) Lugar de instalación.
b) Fórmulas de restauración a utilizar.
c) Capacidad de los equipos.
d) Todas las respuestas son correctas.

**2. ¿Qué significa el concepto de marcha adelante?**

a) Que no se deben cruzar las vías "sucias" y "limpias".
b) Que los alimentos no deben volver atrás en el proceso.
c) Que la distribución de la cocina debe estar determinada por el proceso.
d) Todas las respuestas son correctas.

**3. Según el principio de marcha adelante, ¿cuál de las siguientes respuestas es correcta?**

a) El proceso de emplatado irá en una sola dirección y no retrocederá en ningún momento.
b) La zona de lavado estará situada junto a la zona de preparación, para evitar que los platos sucios recorran largas distancias.
c) Los cubos de basura estarán al final de la zona de emplatado por si sobra algo, ya que los alimentos avanzarán desde las zonas sucias a las zonas limpias.
d) Todas las respuestas son correctas.

**4. ¿Qué características tiene la cocina hospitalaria centralizada?**

a) Alejamiento y aislamiento de los locales de cocina de cualquier fuente de contaminación.
b) Fácil acceso desde la zona de recepción de materia prima a la cocina, y de la cocina a la zona de distribución.

c) Suelos antideslizantes, con la debida inclinación hacia los sumideros para evitar acumulación de agua.

d) Todas las respuestas son correctas.

**5. ¿Qué característica no debe tener la cocina hospitalaria centralizada?**

a) Espacio suficiente para la actividad a realizar, y para la circulación del equipamiento móvil.

b) Las tuberías y conductos de aire estarán a la vista, para evitar la acumulación de suciedad.

c) Las uniones entre paramentos serán redondeadas para facilitar su limpieza.

d) Habrá lavamanos suficientes, con sistema de accionamiento por pedal preferentemente, para facilitar el lavado higiénico de manos.

**6. Con el sistema de cocina central:**

a) Se consigue la manipulación de los alimentos en los *offices*.

b) Se evita la producción de residuos en cocina.

c) Se elimina la manipulación de los alimentos en los *offices*.

d) Se elimina el paso de los alimentos por las dependencias de limpieza.

**7. Las aberturas y ventanas o huecos practicables para la ventilación de los locales de cocina deberán estar dotados de:**

a) Sistema de clausura para impedir su manipulación.

b) Cristales opacos para evitar que la luz natural estropee los alimentos.

c) Rejillas de malla adecuadas para evitar el paso de insectos.

d) Rejas homologadas por la ley de prevención de riesgos laborales.

**8. En los locales de cocina, las uniones de paramentos verticales y horizontales:**

a) Deberán ser redondeados.

b) Deberán estar recubiertos con perfiles metálicos.

c) Deberán estar recubiertos con perfiles de PVC.

d) Se pintarán al menos dos veces al año.

**9. Una de las características que deberá tener el suelo de una cocina colectiva es:**

a) Deberá estar provisto de desagües con los dispositivos adecuados (sifones, rejillas, etc.).

b) Estará totalmente nivelado y desprovisto de sumideros para evitar los malos olores y el acceso de roedores o insectos.

c) Estará construido con materiales absorbentes que empapen cualquier derrame de líquidos.

d) Estará construido con material deslizante para facilitar su limpieza.

**10. Las actividades relacionadas con la manipulación de alimentos tienen un flujo marcado por:**

a) El principio de marcha adelante.
b) El principio de cruce de circuitos.
c) El principio de economía de movimientos.
d) Ninguno de los anteriores.

**11. ¿Qué características cumplirán las áreas para la higiene de personal de la cocina?**

a) Los vestuarios de personal se situaran en dependencias anexas a los locales donde se manipulen alimentos.
b) Los servicios higiénicos no tendrán acceso directo a la zona de manipulación.
c) Habrá lavamanos suficientes, con sistema de accionamiento por pedal preferentemente, para facilitar el lavado higiénico de manos.
d) Todas las respuestas son correctas.

**12. ¿Cuál de las siguientes zonas de una cocina se considera zona sucia?**

a) Zonas de lavado.
b) Zona de emplatado.
c) Zona de distribución
d) Todas son zonas sucias.

**13. ¿Qué característica/s debe tener el proceso de producción en cocina?**

a) Flujo continuo.
b) Separación de zonas.
c) Establecimiento de circuitos.
d) Todas las respuestas son correctas.

**14. ¿Qué respuesta es falsa?**

a) Cada zona de trabajo contará con los materiales necesarios.
b) Cada zona de trabajo contará con los utensilios necesarios para las tareas a realizar.
c) En la cocina nunca se establecen diferentes circuitos.
d) La respuestas a) y b) son correctas.

**15. ¿Qué ventaja tiene la centralización de los servicios de restauración hospitalaria?**

a) Permite la concentración de los recursos para optimizar los resultados.
b) Permite utilizar la producción en línea fría, aunque no en línea caliente.
c) Requiere menos inversión inicial.
d) Todas las respuestas son correctas.

**16. ¿Qué etapas se llevan a cabo en la cocina central?**

a) Recepción de materia prima y almacenamiento.
b) Preparación y elaboración.
c) Emplatado y distribución.
d) Todas las anteriores.

**17. ¿Cómo se garantizan las condiciones higiénicas y la conservación de las características organolépticas de los menús cuando son trasladados a otros centros?**

a) Mediante la continua supervisión y análisis durante el traslado.
b) Dando un tratamiento térmico en destino.
c) Utilizando sistemas de transporte adecuados (carros y vehículos).
d) Todas las respuestas son correctas.

**18. ¿Qué criterio se tendrá en cuenta a la hora de colocar las máquinas y utensilios de cocina?**

a) Que ocupen el menor espacio posible.
b) Que permitan el acceso para su limpieza.
c) Que queden en el centro de la cocina.
d) Todas las respuestas son correctas.

**19. En una cocina centralizada, ¿hacia dónde irán los flujos de aire?**

a) Hacia la entrada.
b) Hacia la zona limpia.
c) Hacia la zona sucia.
d) Hacia la zona de distribución por ser la fase final del proceso.

**20. ¿Qué medida reduce las posibilidades de contaminación del alimento?**

a) Separación de zonas de trabajo en cocina.
b) Utilización de circuitos cortos.
c) Empleo de utensilios específicos en cada área de trabajo.
d) Todas las respuestas son correctas.

En MADTEST tienes **más preguntas de este tema** y todos tus avances quedan registrados y se reflejan en el ranking.

**¡Supera tus límites con MADTEST!**

# Solución al test n.º 11

**1.** d) Todas las respuestas son correctas.

**2.** d) Todas las respuestas son correctas.

**3.** a) El proceso de emplatado irá en una sola dirección y no retrocederá en ningún momento.

**4.** d) Todas las respuestas son correctas.

**5.** b) Las tuberías y conductos de aire estarán a la vista, para evitar la acumulación de suciedad.

**6.** c) Se elimina la manipulación de los alimentos en los *offices*.

**7.** c) Rejillas de malla adecuadas para evitar el paso de insectos.

**8.** a) Deberán ser redondeados.

**9.** a) Deberá estar provisto de desagües con los dispositivos adecuados (sifones, rejillas, etc.)**.**

**10.** a) El principio de marcha adelante.

**11.** d) Todas las respuestas son correctas.

**12.** a) Zonas de lavado.

**13.** d) Todas las respuestas son correctas.

**14.** c) En la cocina nunca se establecen diferentes circuitos.

**15.** a) Permite la concentración de los recursos para optimizar los resultados.

**16.** d) Todas las anteriores.

**17.** c) Utilizando sistemas de transporte adecuados (carros y vehículos) .

**18.** b) Que permitan el acceso para su limpieza.

**19.** c) Hacia la zona sucia.

**20.** d) Todas las respuestas son correctas.

# TEST N.º 12

## Distribución del trabajo en la cocina hospitalaria: categorías profesionales dentro de la cocina

**1. ¿Qué afirmación es incorrecta sobre el proceso de producción en cocina?**

a) Se exige la separación de zonas de trabajo y el establecimiento de circuitos.
b) El flujo del proceso debe asegurar la calidad higiénica y alimentaria de los menús.
c) Debe tener un flujo discontinuo, para cada comida que se da en un día.
d) Debe de seguir el principio de marcha adelante, y evitar las contaminaciones cruzadas.

**2. ¿En qué tipo de elementos se divide la Cocina Hospitalaria?**

a) Viandas.
b) Partidas.
c) Circuitos.
d) Categorías.

**3. ¿Qué profesionales pueden faltar en una partida en la Cocina Hospitalaria?**

a) Jefe de partida y el/los pinche/es (sólo con cocineros/os).
b) Jefe de partida.
c) El/los pinche/es.
d) Nadie, deben estar el Jefe de partida, cocinero/os, y pinche/es.

**4. ¿Cuántas partidas suelen existir básicamente en la Cocina Hospitalaria?**

a) 3.
b) 4.
c) 5.
d) 6.

**5. ¿En qué partida generalmente se elaboran los segundos platos y los platos "fuertes"?**

a) Salsero.
b) Entremetier.
c) Despensero.
d) Pastelero.

**6. ¿Qué partida prepara primeros platos calientes, guarniciones, y algunos fondos; así como elabora segundos platos a base de hortalizas?**

a) Salsero.
b) Entremetier.
c) Despensero.
d) Pastelero.

**7. ¿Qué otro nombre recibe la "partida de cuarto frío"?**

a) Salsero.
b) Entremetier.
c) Despensero.
d) Pastelero.

**8. ¿Qué función de estas realiza la partida de despensero?**

a) Elaboración de salsas calientes y algunos fondos.
b) Confección de productos de repostería, bollería y panadería.
c) Elaboración de platos de carnes y aves, así como de los asados.
d) Despiece, limpieza y fileteado de carnes.

**9. ¿Qué área funcional en Cocina Hospitalaria es segunda?**

a) Cocina y economato.
b) Recepción-conserjería, relaciones públicas, administración y gestión.
c) Mantenimiento y servicios auxiliares. Área funcional sexta. Servicios complementarios.
d) Restaurante, sala, bar y similares; colectividades y pista para catering.

**10. ¿En qué área funcional de la Cocina Hospitalaria está encuadrada la categoría profesional de ayudante de cocina?**

a) Primera.
b) Segunda.
c) Tercera.
d) Cuarta.

**11. ¿Qué funciones de estas posee el área funcional segunda de la Cocina Hospitalaria?**

a) Adquisición, almacenamiento, conservación-administración de víveres y mercancías.
b) Servicios de preparación y elaboración de alimentos para consumo.
c) Limpieza y conservación de útiles, maquinarias y zonas de trabajo.
d) Son todas las anteriores.

**12. ¿Qué categoría en el área funcional segunda de la Cocina Hospitalaria (cocina y economato) pertenece al grupo profesional segundo?**

a) Jefe/a de partida.
b) Jefe/a catering.
c) Jefe/a cocina.
d) 2.º jefe/a cocina.

**13. El auxiliar de cocina/economato del área funcional segunda de la Cocina Hospitalaria pertenece al grupo profesional:**

a) Primero.
b) Segundo.
c) Tercero.
d) Cuarto.

**14. ¿En qué turno intervendrán los pinches encargados de planchas?**

a) Mañanas.
b) Tardes.
c) Noches.
d) Mañanas y tardes.

**15. ¿Qué pinches con una determinada función no estará en el turno de tarde en cocina?**

a) Los turmix.
b) Loncheado-estocaje.
c) Corrientes.
d) Estarán todos los anteriores.

**16. ¿Qué personal de la cocina hospitalaria es el responsable del emplatado en la cinta de desayunos? Personal del grupo…**

a) De cocina, en turno de la mañana.
b) De cocina, en turno de la tarde.
c) De planta, en turno de la mañana.
d) De planta, en turno de la mañana, con refuerzo del personal disponible.

**17. ¿Quién será el responsable de designar el orden en el reparto de carros?**

a) Auxiliar de Enfermería responsable.
b) Diplomado de Enfermería responsable.
c) Gobernanta.
d) Jefe de cocina en plantas.

**18. ¿Cuál será de las funciones que se enumeran como la última en el orden de reparto de carros que tendrán los pinches de turno de tarde en planta?**

a) Limpieza del túnel y recogida de local.
b) Preparación de cubos de la basura y repasar el menaje.
c) Controlar el ascensor.
d) Recoger restos de las bandejas de comidas.

**19. Según la Resolución de 20 de enero de 2023, de la Dirección General de Trabajo, por la que se registra y publica el VI Acuerdo Laboral para el sector de la Hostelería–ALEH V, ¿qué grupo profesional en hostelería se encarga de la planificación, organización y supervisión de actividades dentro del establecimiento?**

a) Grupo profesional tercero: Asistentes.
b) Grupo profesional segundo: Técnicos y especialistas.
c) Grupo profesional primero: Mandos.
d) Ninguna de las anteriores.

**20. Según el VI Acuerdo Laboral para el sector de la Hostelería, ¿en qué área funcional se incluyen las actividades de recepción, conserjería y administración en hostelería?**

a) Área funcional primera.
b) Área funcional segunda.
c) Área funcional tercera.
d) Área funcional cuarta.

En MADTEST tienes **más preguntas de este tema** y todos tus avances quedan registrados y se reflejan en el ranking.

**¡Supera tus límites con MADTEST!**

# Solución al test n.º 12

**1.** c) Debe tener un flujo discontinuo, para cada comida que se da en un día.

**2.** b) Partidas.

**3.** d) Nadie, deben estar el Jefe de partida, cocinero/os, y pinche/es.

**4.** b) 4.

**5.** a) Salsero.

**6.** b) Entremetier.

**7.** c) Despensero.

**8.** d) Despiece, limpieza y fileteado de carnes.

**9.** a) Cocina y economato.

**10.** b) Segunda.

**11.** d) Son todas las anteriores.

**12.** a) Jefe/a de partida.

**13.** c) Tercero.

**14.** b) Tardes.

**15.** d) Estarán todos los anteriores.

**16.** d) De planta, en turno de la mañana, con refuerzo del personal disponible.

**17.** c) Gobernanta.

**18.** a) Limpieza del túnel y recogida de local.

**19.** c) Grupo profesional primero: Mandos.

**20.** a) Área funcional primera.

# TEST N.º 13

## Desperdicios. Tratamiento y eliminación, normas sanitarias de su control eliminación

**1. ¿Qué características tendrán los contenedores de basura?**

a) Impermeables.
b) De fácil limpieza.
c) Con tapa de cierre hermético.
d) Todas las respuestas son correctas.

**2. ¿Qué requisitos debe cumplir el traslado interno de los residuos?**

a) Supondrá un riesgo para el personal.
b) No se trasvasarán residuos de un envase a otro.
c) Los circuitos utilizados no serán de uso exclusivo.
d) Todas las respuestas son correctas.

**3. ¿Qué afirmación es correcta sobre los restos de comida?**

a) Los depósitos intermedios para residuos no tendrán salida al exterior para evitar el acceso de personas no autorizadas.
b) Los depósitos intermedios serán refrigerados para evitar la proliferación de microorganismos.
c) Los depósitos intermedios no dispondrán de ventilación para evitar la propagación de olores.
d) Todas las afirmaciones anteriores son correctas.

**4. ¿Qué se debe hacer con los aceites usados en cocina?**

a) Deben recogerse en recipientes metálicos especiales para su posterior incineración.
b) Se tirarán por el desagüe.
c) No son contaminantes, por lo que no requieren ningún tratamiento especial.
d) Se depositan en los vertederos.

**5. ¿En qué caso es de aplicación la Ley 7/2022, de 8 de abril, de residuos y suelos contaminados para una economía circular?**

a) Suelos contaminados.
b) Residuos radiactivos.
c) Los explosivos desclasificados.
d) Todas las respuestas son correctas.

**6. ¿Cuál de los siguientes es un biorresiduo?**

a) Residuos biodegradables vegetales.
b) Residuos de industrias en las que se transforman alimentos.
c) Restos de comidas de los servicios de restauración colectiva.
d) Todas las respuestas son correctas.

**7. Según la Ley 7/2022, de 8 de abril, de residuos y suelos contaminados para una economía circular, un poseedor de residuos es:**

a) Una instalación de almacenamiento en el ámbito de la recogida de una entidad local, donde se recogen de forma separada los residuos domésticos.
b) El productor de residuos u otra persona física o jurídica que esté en posesión de residuos.
c) Cualquier persona física o jurídica que desarrolle, fabrique, procese, trate, llene, venda o importe productos de forma profesional, con independencia de la técnica de venta utilizada en su introducción en el mercado nacional.
d) Persona encargada de desempeñar los cometidos previstos en la ley, que designen, en su ámbito respectivo de competencias.

**8. ¿Con qué siglas se nombran a los residuos que, generalmente liberando oxígeno, pueden provocar o facilitar la combustión de otras sustancias?**

a) HP 2.
b) HP 7.
c) HP 8.
d) HP 9.

**9. ¿Qué ley deroga la Ley 7/2022, de 8 de abril, de residuos y suelos contaminados para una economía circular?**

a) La Ley 37/2009, de 17 de enero, de residuos y suelos contaminados.
b) La Ley 33/2010, de 9 de abril, de residuos y suelos contaminados.
c) La Ley 5/2011, de 30 de septiembre, de residuos y suelos contaminados.
d) La Ley 22/2011, de 28 de julio, de residuos y suelos contaminados.

**10. La Ley 7/2022, de 8 de abril, de residuos y suelos contaminados para una economía circular, no es aplicable a:**

a) Los explosivos desclasificados.
b) Los suelos contaminados.
c) Los productos fabricados con plástico oxodegradable.
d) Los artes de pesca que contienen plásticos.

**11. ¿Qué consideración otorga la Ley 7/2022, de 8 de abril, a los animales domésticos muertos y los vehículos abandonados?**

a) Residuos industriales.
b) Residuos domésticos.
c) Residuos comerciales.
d) Residuos municipales.

**12. ¿Cómo define la Ley 7/2022, de 8 de abril, a cualquier sustancia u objeto que su poseedor deseche o tenga la intención o la obligación de desechar?**

a) Resto.
b) Sobrante.
c) Despojo.
d) Residuo.

**13. ¿Qué forma tiene el símbolo de reciclaje?**

a) Tres flechas giradas para formar un anillo.
b) Una persona tirando algo a un contenedor.
c) Un triángulo con una C en su interior.
d) Un contenedor de basura tachado.

**14. Según la FAO, ¿qué porcentaje aproximado de los alimentos producidos a nivel mundial se pierden o se desperdician?**

a) El 15,5 %.
b) El 33,3 %.
c) El 45 %.
d) El 65 %.

**15. ¿Cómo se denomina a aquellos alimentos que, siendo aún útiles para el consumo humano se descartan para este uso?**

a) Desperdicios de alimentos.
b) Residuos hospitalarios.
c) Basura extrahospitalaria.
d) Basura de restauración.

**16. ¿Cómo se denomina el desarrollo que se define (declaración de Río-1992) como *aquel que satisface las necesidades de las generaciones presentes, sin comprometer las posibilidades de las generaciones futuras para atender las suyas*?**

a) Desarrollo ambiental.
b) Desarrollo con futuro.
c) Desarrollo sostenible.
d) Desarrollo moderno.

**17. ¿En qué año se celebra la *Cumbre de la Tierra de Río +20*?**

a) En 1970.
b) En 1996.
c) En 2002.
d) En 2012.

**18. ¿Cómo se denomina la introducción de una sustancia nociva o alguna forma de energía, que altera el medio, desequilibrándolo y pudiendo provocar efectos perjudiciales para la salud humana o la calidad del medio ambiente?**

a) Desequilibrio ambiental.
b) Desastre ambiental.
c) Contaminación ambiental.
d) Siniestro ambiental.

**19. ¿Qué gases no consideras naturales y que contribuyen al efecto invernadero junto a los naturales?**

a) Metano ($CH_4$).
b) Vapor de agua ($H_2O$).
c) Dióxido de carbono ($CO_2$).
d) Ninguno de los anteriores son naturales.

**20. ¿Qué gas parece contribuir más al efecto invernadero por causas naturales y humanas (combustión de residuos fósiles, incendios forestales, tala de árboles…)?**

a) $CH_4$.
b) $CO_2$.
c) $H_2O$ en vapor.
d) $N_2O$.

En MADTEST tienes **más preguntas de este tema** y todos tus avances quedan registrados y se reflejan en el ranking.

**¡Supera tus límites con MADTEST!**

# Solución al test n.º 13

**1.** d) Todas las respuestas son correctas.

**2.** b) No se trasvasarán residuos de un envase a otro.

**3.** b) Los depósitos intermedios serán refrigerados para evitar la proliferación de microorganismos.

**4.** a) Deben recogerse en recipientes metálicos especiales para su posterior incineración.

**5.** a) Suelos contaminados.

**6.** d) Todas las respuestas son correctas.

**7.** b) El productor de residuos u otra persona física o jurídica que esté en posesión de residuos.

**8.** a) HP 2.

**9.** d) La Ley 22/2011, de 28 de julio, de residuos y suelos contaminados.

**10.** a) Los explosivos desclasificados.

**11.** b) Residuos domésticos.

**12.** d) Residuo.

**13.** a) Tres flechas giradas para formar un anillo.

**14.** b) El 33,3 %.

**15.** a) Desperdicios de alimentos.

**16.** c) Desarrollo sostenible.

**17.** d) En 2012.

**18.** c) Contaminación ambiental.

**19.** a) Metano ($CH_4$).

**20.** b) $CO_2$.

# TEST N.º 14

**Riesgos específicos de la actividad en cocinas y con los productos de limpieza. Utilización de equipos de protección individual. Prevención de incendios. Actuación ante una emergencia en su lugar de trabajo**

**1. ¿Qué Ley regula la prevención de riesgos laborales en España?**

a) Ley 31/1995, de 8 de noviembre.
b) Real Decreto 513/2017, de 22 de mayo.
c) Ley 17/2011, de 5 de julio.
d) Ley 28/2015, de 30 de julio.

**2. ¿Qué se entiende por "riesgo laboral"?**

a) La posibilidad de que un trabajador sufra un determinado daño derivado del trabajo.
b) La posibilidad de que un trabajador sufra una enfermedad en el trabajo.
c) La posibilidad de que un trabajador sufra acoso.
d) El riesgo que supone el ir a trabajar.

**3. Toda lesión corporal que el trabajador sufra con ocasión del trabajo que ejerza por cuenta ajena:**

a) Es un riesgo laboral.
b) Es un accidente de trabajo.
c) Es una enfermedad profesional.
d) Es una simple circunstancia.

**4. Entre los principios de la acción preventiva recogidos por el artículo 15 de la Ley de Prevención de Riesgos Laborales, no figura:**

a) Evitar los riesgos.
b) Evaluar los riesgos que se puedan evitar.
c) Tener en cuenta la evolución de la técnica.
d) Dar las debidas instrucciones a los trabajadores.

**5. En relación a la vigilancia de la salud que ha de garantizar el empresario, el acceso a la información médica de carácter personal:**

a) Se limitará al empresario y a los Servicios de Prevención propios.
b) Se limitará al Jefe inmediato del trabajador.

c) Sólo será accesible al propio trabajador.

d) Se limitará al personal médico y a las autoridades sanitarias que lleven a cabo la vigilancia.

**6. Según el artículo 19 de la Ley de Prevención de Riesgos Laborales, la formación teórica y práctica en materia preventiva deberá:**

a) Impartirse en horario dentro de la jornada de trabajo.

b) Impartirse por igual en jornada de trabajo y fuera del horario de trabajo.

c) Impartirse, siempre que sea posible, dentro de la jornada de trabajo o, en su defecto, en otras horas, pero con el descuento en aquella del tiempo invertido en la misma.

d) La formación teórica siempre debe ser en horario dentro de la jornada de trabajo y la formación práctica puede impartirse tanto dentro como fuera de la jornada de trabajo.

**7. ¿Cuándo se deben utilizar los equipos de protección individual?**

a) Siempre.

b) Cuando los riesgos no hayan sido evaluados.

c) Cuando los riesgos no se puedan evitar o no puedan limitarse.

d) Cuando el trabajador lo estime oportuno.

**8. La prevención de riesgos laborales deberá integrarse en el sistema general de gestión de la empresa a través de:**

a) La política preventiva.

b) El plan de prevención.

c) El consenso de las partes.

d) El poder de decisión del empresario.

**9. ¿Cuál de los siguientes factores de riesgo es un agente biológico?**

a) Ruido.

b) Bacterias.

c) Frio.

d) Lejía.

**10. ¿Qué se considera accidente in itinere?**

a) Las lesiones sufridas durante el tiempo y en el lugar de trabajo

b) Es aquel que sufre el trabajador/a al ir al trabajo o al volver de este.

c) Accidentes producidos con ocasión de las tareas desarrolladas aunque sean distintas a las habituales.

d) Son los sufridos con ocasión o por consecuencia del desempeño de cargo electivo de carácter sindical.

**11. Eliminar la suciedad, papeles, derrames, grasas, desperdicios y obstáculos contra los que se pueda tropezar y retirar los objetos innecesarios y utensilios que no se estén utilizando, es una medida preventiva para evitar:**

a) Caídas al mismo nivel.
b) Cortes y heridas.
c) Incendios.
d) Todas con correctas.

**12. Señala cuál de las siguientes opciones no es una medida preventiva, frente a quemaduras por el contacto con objetos o gases calientes:**

a) Comprar máquinas y utensilios seguros que tengan el marcado CE.
b) No llenar los recipientes hasta arriba.
c) Comprobar el termostato de la freidora antes de la introducción de alimentos.
d) Todas son correctas.

**13. No es un factor de riesgo de incendio y explosión:**

a) Sólidos inflamables (papel, trapos, cajas).
b) Sustancias cáusticas y corrosivas.
c) Líquidos inflamables (disolventes, alcoholes).
d) Presencia de focos de ignición.

**14. Es un riesgo ergonómico:**

a) Estar en contacto con productos que contienen sustancias químicas peligrosas.
b) Realizar trabajos con manejo de cargas o posturas forzadas.
c) Las situaciones de trabajo que producen estrés.
d) Todos son riesgos ergonómicos.

**15. Los equipos de protección individual están destinados:**

a) Al uso personal.
b) A la comunidad.
c) A un equipo de trabajo.
d) A quien lo necesite.

**16. ¿Qué actuaciones debe adoptar el empresario para la elección de los equipos de protección?**

a) Analizar y evaluar los riesgos existentes que no puedan evitarse o limitarse suficientemente por otros medios.
b) Definir las características que deberán reunir los equipos de protección individual para garantizar su función.

c) Comparar las características de los equipos de protección individual existentes en el mercado.

d) Todas son correctas.

**17. Los equipos filtrantes de partículas se utilizan para la protección de:**

a) Los ojos y de la cara.
b) Las vías respiratorias.
c) La piel.
d) Manos y brazos.

**18. ¿Cuál es la primera medida que debe realizar el socorrista en caso de quemadura?**

a) Suprimir la causa que produce la quemadura: apagar las llamas, eliminar los ácidos, etc.
b) Mantener los signos vitales.
c) Examinar el cuerpo de la persona accidentada.
d) Aplicar agua en abundancia en la quemadura para enfriarla y reducir el dolor.

**19. No es una actuación que deba adoptarse en caso de incendio:**

a) Localizar el origen de la incidencia.
b) Clasificar la magnitud del incendio (Conato, Emergencia Parcial o General).
c) Comunicar el hecho al Jefe de Emergencia o de Primera Intervención a su sustituto, facilitándole la mayor cantidad de datos posibles del siniestro.
d) Ante cualquier circunstancia, apagar el fuego con cualquier extintor que se tenga a mano.

**20. Los extintores de incendio portátiles:**

a) Están concebidos para que puedan ser llevados y utilizados a mano teniendo en condiciones de funcionamiento una masa igual o inferior a 15 kg.
b) Están concebidos para que puedan ser llevados y utilizados a mano teniendo en condiciones de funcionamiento una masa igual o inferior a 20 kg.
c) Están concebidos para que puedan ser llevados y utilizados a mano teniendo en condiciones de funcionamiento una masa igual o inferior a 25 kg.
d) Están concebidos para que puedan ser llevados y utilizados a mano teniendo en condiciones de funcionamiento una masa igual o inferior a 30 kg.

En MADTEST tienes **más preguntas de este tema** y todos tus avances quedan registrados y se reflejan en el ranking.

**¡Supera tus límites con MADTEST!**

# Solución al test n.º 14

**1.** a) Ley 31/1995, de 8 de noviembre.

**2.** a) La posibilidad de que un trabajador sufra un determinado daño derivado del trabajo.

**3.** b) Es un accidente de trabajo.

**4.** b) Evaluar los riesgos que se puedan evitar.

**5.** d) Se limitará al personal médico y a las autoridades sanitarias que lleven a cabo la vigilancia.

**6.** c) Impartirse, siempre que sea posible, dentro de la jornada de trabajo o, en su defecto, en otras horas, pero con el descuento en aquella del tiempo invertido en la misma.

**7.** c) Cuando los riesgos no se puedan evitar o no puedan limitarse.

**8.** b) El plan de prevención.

**9.** b) Bacterias.

**10.** b) Es aquel que sufre el trabajador/a al ir al trabajo o al volver de este.

**11.** a) Caídas al mismo nivel.

**12.** d) Todas son correctas.

**13.** b) Sustancias cáusticas y corrosivas.

**14.** b) Realizar trabajos con manejo de cargas o posturas forzadas.

**15.** a) Al uso personal.

**16.** d) Todas son correctas.

**17.** b) Las vías respiratorias.

**18.** a) Suprimir la causa que produce la quemadura: apagar las llamas, eliminar los ácidos, etc.

**19.** d) Ante cualquier circunstancia, apagar el fuego con cualquier extintor que se tenga a mano.

**20.** b) Están concebidos para que puedan ser llevados y utilizados a mano teniendo en condiciones de funcionamiento una masa igual o inferior a 20 kg.